シリーズ
食を学ぶ

食の世界史

ヨーロッパと
アジアの
視点から

南 直人 著

昭和堂

はじめに——歴史のなかの「食」

・・・

　食べるということは、生命維持という意味でも、また社会を形成するという意味でも、人間にとって最も重要な活動です。したがって、人類の歴史はある意味では食を中心にまわってきたといっても過言ではありません。戦争や民族移動、交易、支配・被支配の関係など、世界史上のさまざまな出来事は、いかにして食料を生産し、安定した食料供給や配分を行うかをめぐる人間集団の諸活動のなせる業であったとさえいえます。見方を変えれば、食こそが歴史を創ってきたといえるのです。

　それにもかかわらず、歴史学では長い間、「食」の問題は研究に値するテーマとはみなされてきませんでした。近代的な学問としての歴史学は、近代国民国家が成立する 19 世紀ヨーロッパにおいて誕生したわけですが、当時の歴史学は主に政治や外交を研究対象とし、偉大な政治家や権力者、軍人のみが歴史を作ると考えられていました。食などという日常的で下世話な問題は研究に値するとはみなされていなかったのです。20 世紀に入るとフランスで「アナール学派」という新しい歴史学の潮流が生まれ、ようやく一般の人々の生活にも関心が向けられるようになりましたが、食というテーマはまだ中心的な位置を占めることはありませんでした。食の歴史は長い間、学問というより趣味的な営みとみなされ、歴史学界の片隅でひっそりと生き続けていたのです。

　こうした状況に変化が見えはじめたのは 1970 〜 80 年代頃からです。たとえば、人類学者シドニー・W・ミンツが 1985 年に『甘さと権力——砂糖が語る近代史』（川北稔・和田光弘訳、平凡社、日本語版は 1988 年）という本を著し、近代ヨーロッパにおける砂糖消費の拡大が、ラテンアメリカの奴隷制プランテーションや低開発化といった世界史的な出来事と密接に結びついているということを示しました。また 1985 年に刊行された、社会学者のスティーヴン・メネルによる『食卓の歴史』（北代美和子訳、中央公論社、日本語版は 1989 年）という本では、フランスとイギリスの食文化の大きな違いの原因を歴史をさかのぼっ

て検証しています。

　このように人文・社会科学分野においても、社会学や文化人類学などから食の問題が重要な学問的テーマであることが示されるようになり、歴史学でもようやく欧米各国の研究者たちが食の歴史研究を切り開いていくこととなります。フランスではジャン゠ルイ・フランドラン、イタリアではマッシモ・モンタナーリがパイオニアといえます。1996 年には、この両者が編者となって、ヨーロッパを中心とした古代から現代にいたる食の歴史研究論文集『食の歴史』（宮原信・北代美和子監訳、藤原書店、日本語版は 2006 年、全 3 巻）が刊行されましたが、この本は食の歴史研究がすでに高い研究水準に達していること、および食が歴史学のテーマとして大きな可能性を秘めていることを明らかにしました。その他の国のパイオニア的な食の歴史研究者としては、ドイツのハンス・ユルゲン・トイテベルク、イギリスのデレク・オディーとジョン・バーネット、ベルギーのペーター・スコリールス、アメリカのウォレン・ベラスコといった名前が挙げられます。彼らの研究の詳しい内容をここで解説することはできませんが、こうした研究成果の上に 2000 年以降、食の歴史研究は大きく前進していきます。

　日本においても、1970 年代末頃から、石毛直道をパイオニアとして文化人類学や社会学を中心に食文化研究が進展し、歴史学の分野でも食というテーマが徐々に注目を集めるようになりました。それを反映して、高等学校の世界史教科書においても食に関連するテーマが取り上げられています。たとえば山川出版社の『詳説世界史Ｂ　改訂版』（2018 年 3 月発行）では、巻頭の「世界史への扉」のページで、学習者の関心を喚起するために、従来の教科書ではあまり扱われてこなかった新しいテーマが 3 つ取り上げられていますが、そのうち 2 つが食と関わっています。「気候変動と私たち人類の生活」では、とくに近世ヨーロッパの寒冷期（小氷期）に飢饉が広がる中で、「貧者のパン」としてのジャガイモが普及したことが言及され (p. 5)、また「砂糖からみた世界の歴史」では、インド・西アジアから地中海・ヨーロッパ地域、そしてアメリカ大陸にいたる広域を結びつけた砂糖という食品の歴史的意義が紹介されています (pp. 8-9)。

　さて、このように近年食というテーマが人文・社会科学において注目されるようになりました。そして、個別テーマに関する数多くの研究書や啓蒙書も刊

行されるようになっています。大学の一般教養分野の科目や食関係学部の専門
教育カリキュラムの中でも、食文化や食の歴史に関する授業科目も増えてきて
いるようです。しかし、大学教育における一般的なテキストとなるような書籍
はまだありません。そこで、今回、広く食文化や食の歴史に関連する大学の授
業で利用できるようなテキストを作ってみることにしました。このテーマはた
いへん広がりのある内容となりますから、一つひとつの問題について専門的に
深く掘り下げた叙述をすることはできませんが、全体を読めば食文化や食の歴
史に関する、大学生として最低限知っておくべき知識や教養が身につくように
考えました。もちろん大学生だけではなく、社会人の方々にとっても、本書を
通じて食に関する知識や教養を身につけていただきたいと思います。

　では、食の歴史の世界へ分け入ってみましょう。

南　　直　人

も く じ

• •

人類史・世界史のなかの食

人類の進化

●

料　理

●

共　食

●

農業革命

●

ユヴァル・ノア・
ハラリ

この章で学ぶこと

　食べるという行為は動物としてのヒトにとって根源的な行為です。しかし人間は動物から区別されます。ヒトが進化して現在の人間となるにあたって食はどのような役割を演じたのでしょう。人類の進化において食はどのように位置づけられるのでしょう。

　実は食を通じてヒトは動物から人間となったといえるのです。その鍵は「料理」と「共食」にあります。火を使って料理をすることによって食物の範囲が拡がり、ヒトの脳は大きくなりました。またヒトは集団で食料を獲得し、それを分かち合って食べることで、コミュニケーション能力と社会性を高めました。こうしてヒトは進化をとげ、繁栄するようになったのです。

1 食を通じて進化した人類

人類の進化

　まず、近年注目を集めているイスラエルの歴史学者ユヴァル・ノア・ハラリの『サピエンス全史——文明の構造と人類の幸福』（柴田裕之訳、河出書房新社、は2016年、上・下巻）などに依拠して、人類の進化についての大まかな流れをみてみましょう（**表1**）。

　最終的にはホモ・サピエンスが勝利を収めることとなるこうした人類の進化の過程で、食が決定的な役割を演じていたことは注目に値します。人類の進化のきっかけとなったのはジャングルからサバンナへ進出し、直立二足歩行を始めたことでした。これにより手・腕が進化し道具を使うようになります。人類のこうした進化の基礎となったのは脳の巨大化であり、それをもたらしたのはエネルギー効率の良い肉食を始めたことでした。

　一般的に草食動物と肉食動物の消化器官を比較すると、前者は巨大な消化器官をもっています。牛や羊などの身近な草食動物を見ていればわかりますが、一日中口を動かしてエサを食べ続けています。それによって生命を維持するわけですが、繊維質の多い植物の消化には膨大なエネルギーが必要です。しかし人類は道具を使い、最初はおそらく死肉漁りから始まって、石器を用いて栄養豊富な骨髄を取り出して食用とし、後には集団で狩りを行って動物の肉を食べるようになりました。これによって消化に必要となるエネルギーを脳の拡大に振り向けることができるようになったわけです。

　このプロセスをさらに進めたのが火の利用です。火を利用して加熱調理することで肉の消化効率は高まります。生肉よりも加熱した肉の方が食べやすく、寄生虫や中毒のリスクも低くなります。また消化しにくい植物性の食材も、火で加熱すると消化できるようになります。米のデンプンはそのままの形では人間は消化できませんが、加熱してアルファ化すると食べられるようになります。こうして火の利用によって、人類は消化器官への負担がさらに軽減され、脳の巨大化が可能になったのです。

表1　人類の進化の流れ

900〜700万年前	アフリカ大陸の乾燥化、人類の先祖がサバンナへ進出
420〜200万年前	アウストラロピテクス（南・東アフリカで生息）、直立二足歩行、石器の使用
250万年前	アフリカでホモ（ヒト）属が進化
200万年前	人類がアフリカ大陸からユーラシア大陸へ拡大、異なる複数の人類種が進化（ホモ・ハビリス、ホモ・エレクトゥス等）
50万年前	ネアンデルタール人がヨーロッパと中東で進化
40〜30万年前	火が日常的に使用されるようになる
20万年前	東アフリカでホモ・サピエンスが進化
7万年前	ホモ・サピエンスが「認知革命」開始、アフリカ大陸の外へ拡大
4〜3.5万年前	ホモ・サピエンスが高緯度寒冷地域にまで拡大
3万年前	ネアンデルタール人が絶滅
1万5〜6千年前	土器の発明
1万3千年前	フローレス人絶滅、ホモ・サピエンスが唯一の人類となる
1万2千年前	農業革命（植物の栽培化と動物の家畜化）
5千年前	国家形成始まる

出所：『サピエンス全史』をもとに筆者作成。

　日本の食文化研究のパイオニアといえる文化人類学者の石毛直道は、「人間は料理する動物である」と定義づけています（石毛・鄭大聲編『食文化入門』講談社、1995年、p. 3）。一般的に、料理は献立の計画、材料の準備、手際よい調理行動、美的感覚を伴う盛り付けなど、人間の頭脳をフルに必要とする知的活動であるがゆえに、そういえるのですが、同時にこの定義づけは、火を使って料理することが人類の進化に大きな役割を演じたことからもその正しさが証明されるのです。

共　食

　石毛はもう一つ「人間は共食する動物である」とも主張しています。こちらはどうでしょうか。人類の先祖は直立二足歩行をすることで進化していきましたが、この変化には実はマイナス面もありました。女性の骨盤が小さくなり、未熟な状態で子どもを出産しなければならなくなったのです。たいていの動物の子どもはすぐに立ち上がり、早くに成長します。しかし人間の子どもは未熟な状態で生まれるので育児が非常に大きな負担となります。恐ろしい捕食者が数多く存在するサバンナでこれに対応するために、人類の祖先たちは共同で育児を行い集団で生活をしていくことで生き残っていったのです。その際重要なことが食べ物を分かち合うこと、すなわち「共食」です。

　実は動物は食べ物を分かち合うことはありません。たとえ集団で行動していても強い個体が食べものを独占し弱い個体は隠れて食べるしかありません。ニホンザルの群れの食行動も同じです。類人猿になると、強い個体が弱い個体に部分的に食べ物を分け与えるという行動がみられます。ただしこれは集団内での地位維持のための消極的行動です。霊長類学者の山極寿一は、「食物を仲間と分け合う行為はヒト科の類人猿に共通な特徴で、とくに人間に発達している」と述べています（朝倉敏夫編『火と食』ドメス出版、2012年、pp. 28-9）。ヒトは積極的に食物を分かち合う、これはサバンナで暮らすようになったヒト属の、集団で食物を獲得し分け合って生き延びる生存戦略だったのです。

　さらにそのヒト属で唯一生き残って繁栄したホモ・サピエンスは、集団で食物を獲得し共に食事をすることにおいて優れた能力を発揮したと考えられます。先に名前を挙げたハラリは、ホモ・サピエンスが勝利した要因として「認知革命」という現象を挙げています。「7万年前から3万年前にかけて見られた、新しい思考と意思疎通の方法の登場」、すなわち「それまでにない形で考えたり、まったく新しい種類の言語を使って意思疎通をしたりすることが可能になった」（『サピエンス全史』上、pp. 35-6）。この言語によるコミュニケーションは宗教や神話といった虚構を信じる集団的想像力をはぐくみ、それによって「大勢で柔軟に協力するという空前の能力をサピエンスに与え……だからこそサピエンスが世

界を支配」することができたのだというのです（同上、p. 40）。

　ハラリの主張はたいへん示唆に富むものですが、実証することは困難であると考えられます。ここではともかく、食が人類の進化の上で決定的な役割を演じたことを確認するにとどめておきたいと思います。すなわち、いかに食料を獲得するか、いかに獲得した食料を分配し集団を維持していくか、それを通じて人類は脳を発達させ、社会を形成し、地球上に拡大していったのです。

2　農業革命

　人類と食とのかかわりを考える上で非常に重要な出来事として、今からおよそ1万年前に始まったとされる「農業革命」、すなわち農耕・牧畜の開始があります。それまで長いあいだ続いていた狩猟や採集といった食料獲得方法から、より積極的に自然に働きかけて食料を得るという方向に人類が踏み出したのです。この出来事は一般的には、食の歴史における大きな前進とみなされてきました。すなわち、自然に支配され食料の獲得が不安定な狩猟採集経済から、人類は農耕や牧畜を開始することで安定した食料が確保できるようになったというものです。

　世界史の教科書には次のように記載されています。

　　　約1万年前に氷期が終わると地球は温暖化し、自然環境が大きく変化したため、新人（ホモ・サピエンス：筆者注記）は地域ごとの多様な環境に適応しなくてはならなくなった。彼らが環境に適応する中で最も重要だった出来事は、約9000年前の西アジアで、麦の栽培とヤギ・羊・牛などの飼育が始まったことであった。これが農耕・牧畜の開始である……これにより人類は、狩猟・採集による獲得経済から、農耕・牧畜による生産経済に移るという重大な変革をとげ……人口は飛躍的に増え、文明発展の基礎が築かれた（『詳説世界史B　改定版』、山川出版社、2018年、p. 12）。

　しかしこうした説明の仕方にはいくつか問題点があります。いったい農耕・

牧畜は、①なぜ、②いつから、③どこで、④どのように始まったのか、⑤その結果はどうであったのか、という疑問が出てくるのです。以下、主に佐藤洋一郎の『食の人類史──ユーラシアの狩猟・採集、農耕、遊牧』（中公新書、2016年）に主に依拠してみていきます。

原因と開始時期

①まず農業革命が始まった理由です。佐藤は人口増加による食料資源の枯渇が原因であるとします。人口が飽和状態になり、食料資源確保のため定住化が進むと、従来の狩猟・採集方法では不十分となり、土地の占有そして植物の栽培化へと向かったとされます。「ある特定の植物の集団の生息地を囲い込んだり、または集落の周辺で管理したりといった行為が始まった」（同上、p. 22）というわけです。

これに対し、フェリペ・フェルナンデス＝アルメストは『食べる人類誌──火の発見からファーストフードの蔓延まで』（早川書房、2010年）の中で、「早い時期に植物の栽培をはじめた地域の多くは、手に入りやすい野生の食べ物が豊富にあって、人が植物を栽培する動機はほとんど見当たらなかった」（p. 152）として、食料不足説を否定します。彼によれば、「農業がどのようにして起こったのかを説明する学説は38もあり、それぞれの主張が異なっていて相容れない」（p. 150）とされ、農業革命の理由については明確な定説がないことになります。

②の農業革命の開始時期についてもさまざまな説があります。現在有力な考えは「環境変動説」で、たとえばルース・ドフリース『食糧と人類──飢餓を克服した大増産の文明史』（日本経済新聞出版社、2016年）によれば、約1万3000年前に氷河期が終了し温暖期に入ったことが農耕の開始の背景にあるとされます（p. 78）。これに対し佐藤洋一郎は、逆に「ヤンガードリアス期」（1万1700年前頃）の寒冷化が農耕開始の契機であるとの説もあると紹介します（佐藤、前掲書、pp. 79-80）。温暖期と寒冷期というまったく正反対の説があるわけです。ピーター・ベルウッド『農耕起源の人類史』（京都大学学術出版会、2008年）は温暖化説の方ですが、もう少し複雑な議論を展開しています。すなわち、1万

1500 年前に「世界の気候は温暖で湿潤になり、より安定性の高いものになった。まさにこの安定性の高さこそが、農耕に有利な状況となった」(p. 28) としつつも、乾燥化など何らかの「ストレス」も栽培化の要因として挙げています。しかし結局「人々を植物栽培にむかわせた根本的な要因がなにかについては、長い議論がある」(p. 30) として決定的な原因論を主張することはありません。要するに農業革命の時期や原因に関してはまだまだ議論の余地があるわけです。

場所と始まり方

　③の農耕・牧畜が始まった場所に関してはどうでしょう。かつては中東の「肥沃な三日月地帯」で始まったという単一起源説が唱えられていましたが、今はほぼ否定され、農耕は世界各地で開始されたという多元説が主流となっています。ただし佐藤洋一郎が指摘するように、「作物と家畜の起源地は、いくつかの地域に集中する傾向が見られる」(佐藤、前掲書、p. 49) ことも確かです。佐藤によると、19 世紀末にスイスの植物学者ドゥ・カンドルが『栽培植物の起源』(岩波文庫、1991 年) という著書で多くの栽培植物の起源地を論じ、ロシアの遺伝学者ヴァヴィロフが、1929 年に世界中で 8 つの発祥中心があると主張しました。肥沃な三日月地帯、地中海沿岸、中央アジア、インド・インドシナ半島内陸部、中国、東アフリカ、中央アメリカ、南米アンデス地域がそれであり、その後の研究の進展の中でも「ヴァヴィロフの考え方に大きな誤りがない」とされています (佐藤、前掲書、pp. 49-52)。栽培植物の起源地の問題に関しては、日本でも、遺伝学・栽培植物学者の中尾佐助が名著『栽培植物と農耕の起源』(岩波新書、1966 年) で、根菜農耕文化、サバンナ農耕文化、地中海農耕文化、新大陸農耕文化の 4 つの地域区分を主張していることも付け加えておきたいと思います。

　④のどのように農耕が開始されたのかという問題は簡単に触れるだけにしておきます。20 世紀初頭のイギリスの考古学者ゴードン・チャイルドは、「農業革命」という概念を打ち出しました。それは、それまで狩猟・採集で生きてきた人類が「いきなり農耕を始めた」という主張ですが (佐藤、前掲書、p. 76)、

佐藤によれば、農耕の開始は「従来の考えのように急速に進行した一種のイベントと考えるべきではない。それは、生態的な変化を基礎に置く一種のプロセスのようなものだった」（同上、p. 16）のであり、その意味で「農業革命」という表現は不適切であるということになります。佐藤はまた、「原始農耕段階」を措定します。「この段階では野生と作物（家畜）の間の遺伝的な違いもそう大きくはなく、多くの家畜や作物はまだ野生に戻ることもできた。いわゆる『半栽培』『半家畜』の段階である」（同上、pp. 54-5）と述べています。

．．

結　果

　最後に、⑤農耕開始の結果に関しての議論を紹介します。従来は、ゴードン・チャイルドが考えたように「農耕の開始が、社会の発展ないしは人類そのものの発展」（同上、p. 76）と考えられていました。こうした「遅れた狩猟採集活動から進んだ農業へ」というような、かつての欧米で支配的であった「進歩史観」的な発想は今日修正されつつあります。

　おおまかにいうと、農耕・牧畜の開始によって食料生産が安定しより多くの人口を支えることができるようになったのは確かですが、その反面人類は苦難に直面することになったということになります。たとえば、労働時間や労働の苦痛の増加（狩猟採集の方がはるかに軽い労働ですむ）、定住・人口増加による伝染病の蔓延の頻発といったことです。先に紹介したハラリは次のように主張しています。

　　　農業革命は、安楽に暮らせる新しい時代の到来を告げるには程遠く、農耕民は狩猟採集民よりも一般に困難で、満足度の低い生活を余儀なくされた……人類は農業革命によって、手に入る食糧の総量はたしかに増やすことはできたが、食糧の増加は……むしろ人口爆発と飽食のエリート層の誕生につながった。平均的な農耕民は、平均的な狩猟採集民より苦労して働いたのに、見返りに得られる食べ物は劣っていた。農業革命は史上最大の詐欺だったのだ（『サピエンス全史』p. 107）。

　以上、「農業革命」についてのさまざまな議論を紹介してきました。世界史の教科書では数行で述べられている内容が、実はきわめて多くの問題点をはらんでいることがおわかりになったかと思います。読者の皆さんは、食の歴史を学習することはずいぶん面倒くさいと感じるかもしれません。しかし、学問というのはこうしたさまざまな疑問点を一つずつ解明していくことで前に進むものなのです。食の歴史を研究する場合も、厳密に考えると、一つの物事についてさまざまな面から徹底的に検証していくといった態度が本来は必要となります。ただ、本書のような概説書にそれを求めるのは不可能です。序章では、人類の進化や「農業革命」といった問題について、専門書的なやや硬い内容で、かなり深く突っ込んで検討してきましたが、第Ⅰ部からは、概説書として、もう少し柔らかな叙述を行っていきたいと思います。

第 I 部

食文化へのいざない

　食の歴史の世界へ分け入るまえに、第 I 部では世界と日本の食文化について検討していきたいと思います。

　「食文化」という言葉は、今ではすっかり人口に膾炙していますが、私が研究を始めた昭和の終わりごろまでは、あまり一般的に使われる言葉ではありませんでした。近年の『広辞苑』（第 5 版、岩波書店、1998 年）にはさすがにこの言葉は掲載されていますが、以前の『広辞苑』（第 2 版補訂版、1976 年）では無視されていたのです。その理由は、食を文化としてとらえるという発想そのものがなかったからであると思われます。

　「はじめに」でも述べたように、石毛直道をはじめとする地道な研究活動の成果として、「食の文化」や「食事文化」という研究分野が市民権を得るようになり「食文化」という言葉が社会的に定着したものと考えられます。

　その出発点は、「食べることは文化である」という視点に立って、味の素株式会社主催の「食の文化シンポジウム」が 1980 年から 82 年まで 3 回にわたって行われたことにあります。その成果の上

に1982年から石毛直道を中心として「食の文化フォーラム」が毎年開催されるようになり、現在まで40年近くの間、食文化研究に関する学際的な研究成果を数多く世に問うてきました。このことが、食文化研究という分野が一つの学問分野として認知されることに寄与したものと思われます。

　まず食文化とは一体何かということを考えてみましょう。食を単なる栄養摂取行為として考えるならば、前述のようにそこには「文化」が入り込む余地はありません。従来の栄養学の立場はそうしたものでした。しかし序章でみたように、食べるという行為によって人類は進化していったのであり、とくに「共食」することによって、互いのコミュニケーションを深め、言語を発展させ、社会性を高めることで人類は文明や文化を形成していったわけですから、食べるという行為は必然的に文化と結びついているはずです。逆にいえば、食を単なる栄養摂取行為としてとらえるならば、それは人を動物と同列に置くことにほかなりません。食文化というものは人類が歴史を形成していった最初から、人間にとって重要な役割を果たしていたといえるのです。

　では食文化を構成する要素は何でしょうか。食べるという行為は人間の活動の基礎にあり、人間の多種多様な活動が食と関連するので、ひとことで食文化を構成する要素はこれだと決めることは容易ではありません。ここで参考になるのは、筆者も編集にかかわった『世界の食文化』全20巻（農文協、2003～2008年）の索引です。このシリーズではアジア、ヨーロッパ、アフリカ、南

北アメリカなど世界各地・各国の食文化が多面的に紹介されていますが、別巻として『分野別ことがら索引』（農文協、2009年）が刊行されており、その分類が食文化を構成する要素を考える際に非常に役立つ

と思われます。その中身を紹介しましょう。

　大きく分けると、飲食物や食事そのものにかかわる具体的な事物・事象と食に関連するさまざまな精神的、文化的、社会的な現象が挙げられています。前者としては、食材（米、麦、豆、芋、種々の肉類、魚介類、乳製品、野菜、果物、保存食、香辛料・調味料、等々）、料理と調理（炊く、蒸す、煮る、焼く、炒める、漬ける、干す、発酵、等々）、酒・飲料・嗜好品（酒の種類、コーヒー・茶・ジュースなど、菓子、等）、台所（器具、道具、燃料）、食事・食行動・食習慣（日常食と儀礼食、外食、郷土食、王侯貴族の食事、庶民の食事、料理書、等々）といった内容が列挙されます。これに対し後者は、食の歴史・風土、食の宗教・儀礼、食の故事来歴、食の社会事象、食の年中行事、食と民族といった項目が挙げられ、食にかかわるイデオロギー的側面や生活文化的内容が含まれています。こうした事柄全体が食文化を構成すると考えられるわけです。

　このように考えると、食文化という概念はきわめて幅広く多様な領域をカバーしており、とてもすべてを論じつくすのは難しいことがわかります。第Ⅰ部ではこうした幅広い概念であることを意識しつつ、世界と日本の食文化について考察していきたいと考えています。世界のすべてを論じることは不可能なので、対象を限定し、世界のいくつかの地域や国の食文化を検討したいと思います。

第**1**章

ヨーロッパの食文化

キーワード

混合農業

●

地中海式農業

●

パ　ン

●

肉　類

●

乳製品

●

中・東欧

●

バルカン半島

この章で学ぶこと

　まず第1章では、筆者の専門領域に近いヨーロッパの食文化について考えてみたいと思います。食文化は前述のように、食べもの自体から食事行為、食にまつわるさまざまな社会活動や人間の観念などに至る複合的な概念ですが、やはり出発点となるのは、何を食べているかということになります。

　世界各地で食べられている食材や料理はさまざまに異なっており、それが食文化全体を構成する基盤となります。

　そこで、食文化を考える最初の起点として、その地域では主に何が食べられているのかを考えていこうと思います。

　ヨーロッパではどのような食材が生産され、どのような料理が食べられてきたのでしょうか。

人間の身体維持と身体活動のために不可欠な栄養素は、第一義的には糖質とタンパク質です。それらを摂取できるということが人間の社会を維持する最低限の条件となります。この２種類の栄養素を摂取するためにどのような食資源を利用できるかは、かつてはその社会が位置する場所の自然環境によって決定づけられていました。糖質を得るための食資源は主に穀類（米や麦、トウモロコシなど）、あるいはイモ類です。タンパク質の場合は、動物や魚介類、豆類などとなります。そして、これらの食資源を利用して食物を獲得する生業のあり方が、それぞれの地域の食生活の様式を特徴づけてきました。そしてそれは、近代以前には自然環境によって大きく影響を受けていました。熱帯地域なのか、湿潤ないし乾燥地域なのか、山岳地帯なのか、海に近い沿岸部なのかによって生業のあり方は異なっており、それが食文化の基盤となって世界各地で多様な食文化を生み出してきたのです。では、ヨーロッパの場合はどうなるのでしょうか。

1 ヨーロッパの気候風土と農業の特徴

　ヨーロッパといっても、非常に多様性に富んだ地域であり一口に語ることは困難です。時代によってもヨーロッパの定義は異なります。きわめて単純に考えると、地理的には東西南北、そして中央ヨーロッパというように区分できます（**図1**）。

　しかしこれではあまりに抽象的ですから、もう少し具体的な基準に従って区分してみましょう。民族や宗教でヨーロッパを区分すると、おおまかに①ゲルマン的・プロテスタント的世界、②ラテン的・カトリック的世界、③スラヴ的・正教的世界の３つに区分できます（**図2**）。もちろん現実にはこのように単純に区分できるものではありません。たとえばゲルマン的世界に区分されるドイツはプロテスタント人口が優位を占めますが、南ドイツやライン地域を中心にカトリック系の人々も数多くいますし、スラヴ系とされるポーランドやチェコ、スロヴェニア、クロアチアは宗教的にはカトリックが支配的です。バルカン半島にはボスニア・ヘルツェゴヴィナを中心にイスラームの人々がかなりいます

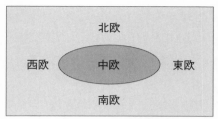

図1　ヨーロッパの地理的な区分

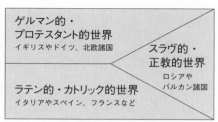

図2　民族や宗教によるヨーロッパの区分

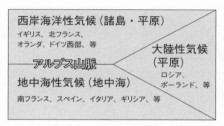

図3　自然環境、気候風土による
　　　　ヨーロッパの区分

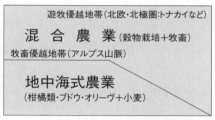

図4　ヨーロッパの気候と農業の特徴

出所：図1～4すべて筆者作成

し、カトリックの住民の多いアイルランドはどこに区分できるのか、この図では説明できません。ですから、これはあくまで便宜的な区分にすぎないことをお断りしなければなりません。

　前に述べたような食文化の背景にある自然環境、気候風土でヨーロッパを区分するとどうなるでしょう。おおまかにいえば民族・宗教で区分したのとだいたい同じような3区分の図を描くことができます（**図3**）。上記の①ゲルマン的・プロテスタント的世界に相当するのが西岸海洋性気候の地域であり、②ラテン的・カトリック的世界に相当するのが地中海性気候の地域であり、③スラヴ的・正教的世界に相当するのが大陸性気候の地域です。

　西岸海洋性気候の特徴は、全体的に湿潤であり、夏は雨が多く冷涼で冬は比較的温暖であるということです。ただし最近は地球温暖化、異常気象などのため、この地域も夏に高温になることも多く、必ずしもこの特徴が当てはまらない事態も生じていますが、以前はだいたいそうした特徴であったというように理解してください。ヨーロッパ大陸を東の方へ移動するにつれて大陸性気候が優勢となります。この気候の特徴は、寒暖の差が大きいことであり、とくに冬

17

は厳しい寒さに支配され、東へ行けば行くほど寒くなります。これらの２つの気候に対し、アルプス山脈の南側で支配的な地中海性気候は、夏は高温で著しく乾燥し、逆に冬は比較的温暖で雨が多くなるというかなり異なったパターンを示します。

　これらの３つの気候の特徴はそれぞれの地域の農業、すなわち食料生産のあり方に大きな影響を与えます。それを示したのが図4です。ここからわかるように、農業の特徴で区分すると、アルプス以北とアルプス以南で大きく２つに分かれます。西岸海洋性気候と大陸性気候の地域では、おおむね混合農業という、穀物生産と牧畜が組み合わさったスタイルの農業が展開されます。これに対し、アルプス以南の地中海性気候が優勢な地域では、夏に高温・乾燥、冬に温暖・湿潤という気候に適した地中海式農業が行われます。

　それぞれの特徴をもう少し説明しましょう。アルプス以北のヨーロッパの大半の地域で展開される混合農業は、かつて中世以来行われてきた三圃制農業（これについては第5章で説明します）が近代の農業技術の革新に適応して発展した形態といえるでしょう。もともとアルプス以北の地域は、夏が比較的冷涼であること、全体として土地の肥沃度が高くないこと、さらに主な作物である麦類の生産性が稲などに比べて低く、しかも連作障害が起こりやすいこと（そのため3年ごとに耕地を休ませる三圃制度という土地利用形態が必要となりました）など、食料生産という点では、東アジアの水田稲作地帯などと比べるとかなり見劣りがする地域でした。穀物だけで人口を養っていけるような地域ではなかったのです。そのため三圃制度の下で必要となる休耕地に家畜を放牧し（冷涼な気候ゆえに家畜の飼料に向いている柔らかな牧草が生育するので好都合であり、また家畜の排泄物によって休耕地は地力を回復できました）、さらにその家畜の力を利用して耕地を深く耕して生産性を少しでも高めようとしました。さらにはその家畜から得られる食料（乳製品や肉類）は貴重なタンパク質源となりました。このように三圃制農業では穀物生産と牧畜は不可分に結びついていたのです。この結びつきは混合農業の特徴として、近代にも引き継がれていきました。

　地中海式農業の場合はどうでしょう。もともと小麦は冬に雨が降る地中海性気候の地域で栽培化された作物であり、地中海地域では主食的な地位を占め

る穀物です。そして高温・乾燥という地中海性気候のもう一つの特徴に適していたのがブドウやオリーヴ、そして柑橘類でした。したがって、小麦、ブドウ、オリーヴ、柑橘類が地中海式農業における食料生産の大きな特徴となったのです。

2 ヨーロッパの食を支える基本的要素

パンやジャガイモなど

このような気候風土とそれに影響される農業、食料生産のあり方によって、ヨーロッパにおける食の基本的な特徴が形づくられてきます。先に述べた糖質やタンパク質などの供給源となる食資源からみていきましょう。

まず糖質を供給する食材としては小麦やライ麦などの穀物が最も重要です。それらから作られるさまざまな種類のパンがヨーロッパの食を支える最も重要な要素であることは間違いありません（**図5**）。パンの主原料である小麦からまずみていきましょう。

小麦はもともとは地中海地域の産物でしたが、現在ではアルプス以北の地域でも広く生産されています。その利用形態は粉食です。小麦はなぜ米のように粒食できないのでしょうか。それは小麦の外皮が硬く食用にする内側の胚乳部分が柔らかいため、脱穀しようとすると粒全体が粉々になってしまうからです。そのため米のように粒のまま食べることができません。したがって、いったん全体を粉にして、食べられない部分を取り除き、残った胚乳部分を小麦粉にするわけです。この小麦粉に水を加えてパン生地を作り、それを焼いてパンを作ります。小麦粉は色が白いので白パンとなります。そのさい、通常はパン生地を発酵させてパンを焼きます。小麦粉にはグルテンというタンパク質成分が含まれており（小麦の種類によってその含有量は異なります）、その作用で発酵させると中に空気を含んでふっくらするので柔らかいパンが焼けます。世界にはさまざまな無発酵パンもありますが、ヨーロッパでは基本的には発酵させたパンが主流です〔パンづくりについては舟田詠子『パンの文化史』（朝日新聞社、

図5　さまざまなパン
出所：筆者撮影

1998年、pp. 13-21, 47-50）に詳しく説明されていますので参照してください）。

　さてこのように小麦から作ったパンがヨーロッパの食においては重要な位置を占めるわけですが、北の方で栽培されるライ麦はどうでしょうか。ライ麦からもパンを作ることができます。ライ麦は色が黒いので黒パンとなります。ただライ麦にはグルテンが含まれず、グリアジンというタンパク質のみを含んでいるため、発酵させることは可能ですが、小麦パンのような軽い食感ではなく重く噛み応えのあるパンになります。また、小麦パンが培養したイースト菌を利用して発酵させるのに対し、ライ麦パンはサワー種という、発酵させたパン生地の一部を残しておいたパン種を使うので、酸味の強いパンができます（同上、pp. 48-58）。ライ麦パンの独特の味わいはこうした製法の特徴に由来するのです。

　飽食の現代においては、むしろライ麦パンのこうした個性が評価されていますが、基本的に栄養不足が一般的であった前近代のヨーロッパにおいては、ライ麦から作った黒い色の重く酸っぱいパンは庶民の食べものとされ貧しさの象徴でした。逆に、小麦で作った白く柔らかく軽い食感のパンは、とくにドイツのような寒いアルプス以北の地では豊かさの象徴だったのです（同上、pp. 225-33）。

　ヨーロッパで生産されるのは小麦、ライ麦のほか大麦やオート麦（カラス麦、エンバクともいいます）があります。とくにオート麦はライ麦よりさらに厳しい

自然環境下でも栽培できるため、北欧などで主要な食料源でした。ただグルテンを全く含まないため、小麦粉に混ぜてパンにしたり（その場合は色が黒くなるので黒パンとみなされます）、かゆ状にして食べられました。オートミールといえば、現在では健康食品ですが、黒パンと同じく貧しさの象徴のような食べものでした（栄養学的には優れていますが）。

　小麦粉からは、もちろんパンだけではなくパスタ類も作ることができます。小麦生産地域では一般的に小麦粉を使った広い意味でのパスタ類が食べられていますが、ヨーロッパではやはりイタリアをはじめ地中海地域がその本場です。すでに古代ローマの時代からパスタ類は作られており、中世に一時中断しますが中世後期からは再び復活し、近代になってトマトなどと結びつくことでイタリアの国民食のような地位に到達します〔パスタの歴史に関しては池上俊一『パスタでたどるイタリア史』（岩波ジュニア新書、2011 年）などを参考にしてください〕。

　近代以降になると、人間に糖質を供給する食材としてジャガイモが登場します。ジャガイモに関しては第 9 章でも説明しますが、アメリカ原産の作物で、18・19 世紀ごろからヨーロッパ全体（とくに北の方）で広く普及し、現在では穀類と並んでヨーロッパの食を構成する最も基本的な要素となっています。寒さに強くまた痩せた土地でもよく育つため食料として非常に優秀な作物ですし、小麦などのように製粉したりする必要がなく、そのまま茹でたり焼いたりして食べられます。糖質のほかにビタミン類なども含まれており栄養的にも優れた食べものであるため、今ではジャガイモ抜きにヨーロッパの食卓は考えられないほど定着したわけです。ジャガイモの料理については、次章の「ドイツの食文化」でも触れる予定です。

肉類と乳製品

肉　類

　ヨーロッパの食を支える基本的要素として、次にタンパク質源となる食材に移ります。まずは何といっても肉類ということになります。かつて貧しかった時代の日本人にとってはヨーロッパの肉料理は憧れの的でした。ヨーロッパ、

図6　ベルリンの百貨店の食品売り場のようす
出所：2017 年頃、筆者撮影

イコール肉食文明であり、肉食という観点から日本とヨーロッパの文化を比較するという文明論が一時華やかに展開されました〔その代表として鯖田豊之『肉食の思想——ヨーロッパ精神の再発見』（中公新書、1966 年）を挙げておきます。半世紀以上前に刊行された本ですが未だに生命力を保っている名著です〕。

　現在の日本では肉の消費量も大幅に増え、肉食への憧れはもはやありませんが、やはりヨーロッパに行くと当地の肉食文化を感じることがあります。たとえば肉屋の店頭風景が日本の肉屋と異なるという点です。**図6** のいくつかの写真は筆者自身がベルリンのある有名百貨店の食品フロアで撮った写真ですが、ここにあるように基本的に肉は大きな塊で売られており、日本のようにスライス肉の形で売られてはいません。こうした風景を見ると、やはりヨーロッパでの肉の消費の仕方が日本でのそれとは大きく異なっていることが実感できます。

　さてその肉の種類です。地域によって若干の違いはありますが、主に豚肉、牛肉、羊肉ということになります。なかでも豚は、残飯などでも飼育でき肉の生産効率の高い食肉用家畜として大いに利用されてきました。もちろん牛や羊も食肉用に利用されることはありましたが、それらは産乳や耕作、羊毛などといった食肉とは別の目的があり、食肉用の家畜としてはやはり豚が最も重要だったのです。近代以前、ヨーロッパにまだ深い森が残っていた時代には、豚

は森のドングリの実で飼育されており、森の広さを測る単位として「何頭の豚を飼育できる森」という単位があったほどです（マッシモ・モンタナーリ『ヨーロッパの食文化』山辺規子・城戸照子訳、平凡社、1999年、p. 32）。その時代の様子を示す有名な絵画が、ランブール兄弟の作とされる「ベリー公のいとも豪華なる時祷書」で、その11月に森のドングリの実を豚（猪のようにみえますが）が食べている様子が描かれています（**図7**）。こうして太らせた豚を初冬に解体し、塩漬け肉やハム、ソーセージなどの保存できる肉加工品を作ります。これはドイツではシュラハトフェ

図7 「ベリー公のいとも豪華なる時祷書」
出所：Wikipedia Commons

スト（食肉祭）という祝祭を伴って年中行事となっており、今でも時折ニュースなどで取り上げられます。

　このように豚肉はヨーロッパの肉食文化の中で非常に重要な存在ですが、肉の序列からみるとかつては低い地位しか占めていませんでした。ヨーロッパ前近代の身分制社会においては、人間だけではなく食べものにも序列があり、人々は身分にふさわしい食べものを食べるべきであるとされていました。肉類でいうと野鳥や鴨などの空を飛ぶ鳥類の肉は価値が高いとされ、高級食材とされていたのに対し、家畜の肉（仔牛、羊、豚）はその下位に置かれ、その中でも豚が最下位とされていました。「おそらくそれが下層階級にはもっとも手に入りやすい肉だったから」だろうとされています（アレン・J・グリーコ「中世末期とルネサンスにおける食と社会階級」、フランドラン／モンタナーリ『食の歴史』第2巻、第27章、藤原書店、2006年、pp. 636-7）。豚肉は庶民でもなんとか手の届く肉だったのです。ちなみに現在では鶏肉の価格が安くなりましたが、これは戦後ブロイラーが大量生産されるようになったからです。

　ところで肉はパンと異なり保存するのが難しい食べものです。したがって一

図8　ミュンヘンの生鮮市場
出所：2010年頃、筆者撮影

般的には精肉よりハムやソーセージなどといった肉加工品が重要な役割を果た
してきました。今でもヨーロッパ各地にはそれぞれ地域ごとに特色あるハムや
ソーセージが作られています。なかにはスペインのハモン・イベリコやイタリ
アのパルマ産生ハムなど世界的に有名なブランドもありますが、むしろ地元で
専ら消費されるような伝統的な肉加工品が数多くあります。**図8**はミュンヘン
の生鮮市場内の肉屋の店頭風景です。このようにきわめて数多くのハム・ソー
セージ類が陳列されています。なるほど、冷蔵技術が発達し伝統的な保存方法
に頼る必要がなくなった現在でも、多様な肉加工品がヨーロッパの肉食文化の
花形であることが印象づけられます。

乳製品

　ただし豚肉が庶民的であったとはいえ、やはり肉は全体としては贅沢品でし
た。肉と同等、あるいは安定的なタンパク質源としてより重要なのが乳製品で
す。先に触れたように、ヨーロッパにおける農業の主流のスタイルは穀物生産
と牧畜を組み合わせた混合農業であり、牧畜という生業から得られる最大の食
資源はミルクだからです。ただミルクは肉以上に変質しやすい食材であり、や

はり保存食品の形で消費されるのが一般的でした。じっさい乳牛を飼っている農家以外で生のミルクを飲む機会は近代以前はほとんどありませんでしたし、ヨーロッパの伝統的な食文化の中では、生のミルクは子どもか病人の飲物であって、大人が飲むものではなく、むしろ加工されないままミルクを飲むことは浪費であるとして社会的な非難の対象にすらなっていたのです（南直人『〈食〉から読み解くドイツ近代史』ミネルヴァ書房、2015年、p. 88）。

　それゆえミルクはヨーグルトやチーズなどの保存できる乳加工品として消費されるのが一般的でした。なかでも比較的長期に保存できるチーズは、肉加工品のハムやソーセージと同様、ヨーロッパ各地でそれぞれ地域ごとに特色ある製品がつくられており、多種多様なバラエティが存在します。大きく分けると、工業的に加工して作られ長期保存できるプロセスチーズと伝統的な製法で作られるナチュラルチーズがありますが、食文化という点で重要なのはやはり後者のナチュラルチーズの方です。製法によってさまざまなタイプのナチュラルチーズがありますが、簡単に分類すると、原乳を乳酸発酵で固め熟成させないフレッシュチーズ、表面に白カビを繁殖させて熟成させる白カビチーズ、内部に青カビを入れて熟成させる青カビチーズ、熟成中に表面を塩水などで何度も洗って内部まで熟成させるウォッシュチーズ、長期間熟成させ加圧したり加温したりして作るハードタイプ、セミハードタイプのチーズなどバラエティに富んだ種類があります。

　そして肉加工品と同様、一部のチーズは有名ブランドとなっており、たとえば白カビタイプのカマンベール、青カビタイプのロックフォールやゴルゴンゾーラ、ハード・セミハードタイプのパルミジャーノ・レッジャーノやゴーダチーズなどは、日本でもよく知られています。こうしたブランドもののチーズは美食の世界においてたしかに高い地位を占めていますが、全体からみるとごく一部であり、これも肉加工品と同じように、地元で愛好され消費されるような伝統的なチーズにこそヨーロッパの食文化の真髄があると考えられます。

　以上、かなり詳しく紹介してきましたが、糖質を供給する穀類とジャガイモ、タンパク質源となる肉類と乳製品こそは、ヨーロッパの食を支える最も重要な構成要素といってよいと思います。では他の食材はどうでしょうか。

そのほかの食材：魚介類、野菜・果物類、油脂類、嗜好品など

魚介類

　タンパク質源としては魚介類もヨーロッパでは重要な役割を果たしています。キリスト教世界であるヨーロッパでは、肉を食べることができない精進日がかつてはかなりの日数に上りました。イエスが十字架にかけられたとされる金曜日に肉を避けるという習慣はよく知られていますが、そのほかに水曜日や土曜日も精進日だったこともありますし、復活祭前の40日間も四旬節として肉を食べることができませんでした。1年のうちおよそ半分が精進日となり肉が食べられないとなると、当然魚の消費量が増えることとなります。こうして中世の時代からヨーロッパでは魚が食べられてきたのです。

　ヨーロッパには南の地中海、北の北海やバルト海という魚に恵まれた海があります。地中海では多種多様な魚介類が獲れるため、場所にもよりますが地中海沿岸地域は魚料理のバラエティに富んでおり、フランスのブイヤベースやイタリアのアクアパッツァ、スペインのパエリアといった魚介類を利用した有名な料理があります。これに対し、北海やバルト海に面したヨーロッパ北部の方では、魚の種類はあまり多くはありませんが、ニシンやタラは中世のころから大量に獲れ、北方の人々の胃袋を満たしてきました。酢漬けのニシンはオランダや北ドイツの港町ではどこでもよく食べられている代表的な魚料理ですし、タラのフライはイギリスの国民食ともいえるフィッシュアンドチップスには欠かせない存在です。

　しかもこの北方の海のニシンやタラは、ヨーロッパや世界の歴史を左右する原動力ともなってきました。たとえば、17世紀中葉には新興国であるオランダが、ヨーロッパ最強の海洋国家としてヨーロッパを中核とした「近代世界システム」の中で覇権を握りますが、そのオランダの海事能力を支えたのが北海やバルト海でのニシン漁などの漁業技術でした。また北米ニューファンドランド沖のタラ漁業は北米植民地の経済を潤し、後にアメリカ合衆国として独立する経済的基盤を築き上げていく一要因となりました。このように魚介類は国際政

治ともかかわる食材であったのです。

　では海から遠い内陸部では魚はどのように食べられているのでしょうか。魚は肉よりも変質しやすく輸送の問題もあり、内陸部ではかつては海の魚はほとんど流通せず、もっぱら淡水魚に頼っていました。当然沿岸部よりその消費量は少なくなりますが、マスやコイといった淡水魚は養殖もされており、内陸部においても食文化のなかでそれなりの位置を占めているということも指摘しておきます。

野菜・果物類

　次に、ビタミン類などを供給する野菜や果物といった植物性の食材もヨーロッパの食文化のなかで重要な位置を占めています。野菜に関していえば、冬でも温暖なヨーロッパ南部（地中海地域）では豊富でバラエティに富んだ野菜（とくに葉野菜）が生産され、食卓をカラフルに彩ります。これに対して、ヨーロッパ北部は野菜といえば根菜類やキャベツが中心となります。とくにキャベツを塩漬けにして発酵させるザウアークラウトは、この地域の厳しい冬の間の貴重なビタミンの供給源となります。

　果物についても南北の差があります。南の方は地中海性気候に適したブドウ、オリーブをはじめいくつもの柑橘類が豊富に獲れますが、北の方はもっぱらリンゴやベリー類が中心となり、野菜と同じく南の方より見劣りがします。しかし、リンゴやベリー類はジャムなどの保存食の材料として利用され、これも冬の間のビタミンの供給源として人々の健康に貢献するのです。

　またヨーロッパは四季の移り変わりに応じて旬を楽しむ植物性の食材もあります。春のアスパラガスは代表的な旬の食材で、その季節になると人々は熱狂的にアスパラガスを追い求めますし、秋になるとキノコ類が家庭の食卓やレストランのメニューに登場するようになります。

油脂や嗜好品

　ヨーロッパの食文化を考える場合、油脂類も非常に重要な要素となります。あまり油脂類を使わない日本とは異なり、ヨーロッパでは料理や食事の際に非

常によく油を使用するからです。そしてここでも南北の違いが明確にあらわれてきます。オリーヴが生育する地中海地域ではオリーヴ油が圧倒的に重要な役割を演じています。古代から食用としてだけではなく、宗教儀式などにも利用されてきました。それに対し北の方では、かつては油脂といえば獣脂、とくに豚の脂であるラードが最も一般的でした。しかし近世以降は酪農業が成長し牛乳の供給が増大するとバターの生産も増え、バターが普及してくるようになります。第6章で触れますが17・18世紀にヨーロッパ世界で君臨するようになる古典的フランス料理では、ふんだんにバターが使われるようになります。

　最後に嗜好品としてのアルコール飲料もまた、ヨーロッパの食文化を語る際には避けて通れません。これもまた南北で対照的です。地中海沿岸を中心にブドウが生育する地域ではブドウから比較的単純なプロセスで生産できるワインが広く飲まれてきました。また、とくにキリスト教の宗教儀式では、キリストの血の象徴としてワインが特別な地位を占めていました。これに対しブドウが生育できないヨーロッパ北部では、穀物から酒が造られました。その際利用されたのが糖分を含む麦芽であり、特に大麦の麦芽を原料としたビールやエールなどのアルコール飲料を北方の人々は享受してきました。近世や近代になると蒸留技術が進展し、蒸留酒も普及するようになり、また新たな作物としてジャガイモが普及するとジャガイモもまたアルコール飲料の材料として利用されるようになります。

　飲料としては非アルコール飲料であるコーヒーや紅茶なども重要な役割をもっていますが、これは第9章で説明します。

3 ヨーロッパの食文化の南北差と東西差

　ここまでヨーロッパの食を支えている主要な材料について検討してきました。穀類から酒類までさまざまな食材がヨーロッパの食文化を特徴づけていることが理解できたと思います。同時に、そこには大きな南北の違いがあることも認識できます。簡単にまとめると**表1**のようになります。

　北の食文化を象徴する料理を挙げてみたいと思います。**図9**（30頁）はドイ

ツ北西部ヴェストファー
レン地方の「ヴェスト
ファーレンの晩餐」とい
う料理です。これは、地
元の生ハム、プンパーニ
クルというライ麦100パー
セントの真っ黒な重いパ
ン、そしてビールによっ
て構成されており、まさ
に北ヨーロッパの食文化
と特徴を示しています。

表 1　ヨーロッパの食文化　南北の違い

北	ライ麦パン、ジャガイモ 肉加工品、乳製品 魚介類（ニシンやタラなど） 根菜類、保存野菜（ザウアークラウト等） ベリー類 バターやラード、酒類としてはビールが優越
南	小麦パン、パスタ類 肉加工品、乳製品 魚介類（種類は豊富） 多様な野菜類と果物（オリーヴ、柑橘類等） オリーヴ油、酒類としてはワインが圧倒的

出所：筆者作成

これに対し南の食文化を代表する料理といえば、やはりイタリアのパスタ料理
が挙げられます。これは日本でもいたるところで食べられますからあえて写真
を掲げる必要はないでしょう。

　こうした南北差は地理的な環境に由来するものですが、もう一つヨーロッパ
の食文化には東西の差もあります。これは歴史に由来するものです。西ヨーロッ
パは19世紀に近代化や都市化の進展といった時代背景の下、食の近代化が早
くに進み、工業的な食品生産、インスタント食品、外食などといった新しい食
文化が生まれました。これに対し、東ヨーロッパの方は近代化、工業化、都市
化といった点で相対的に発展途上の状態が長く続き、第二次世界大戦後も東西
対立のなかで、食の近代化が阻害されてきました。こうしたことから、食文化
の観点から考えて東西の格差が生じたと考えられます。

　さらに、中欧やバルカン半島地域も含めて中・東欧の食文化を考えると、単
にそうした発展速度の違いでは説明できない、西ヨーロッパとは異質な要素が
あります。おおまかにみるとこの地域の食文化はヨーロッパ北部と共通する要
素が多いのですが、同時に、この地域よりさらに東に、あるいは南に位置する
国々、すなわちロシアやトルコからの影響が色濃いということです。それゆえ
中・東欧の食文化は、日本で比較的よく知られた西欧諸国の食文化とは異なっ
たユニークな様相があり、さらに民族が入り乱れて展開してきたという歴史を

背景に、国や地域ごとにニュアンスが異なり、多様な食文化が存在しているわけです。第1章の最後に、中・東欧の国々の食を、とくに料理文化に焦点を当てて概観しておきたいと思います。

図9　ヴェストファーレンの晩餐
出所：筆者撮影

4 中・東欧の国々の食と料理文化

ロシア

　まず最も東に位置し、西ヨーロッパとは多くの点で異なるロシアの食文化を見てみましょう。といっても、ロシア平原からシベリアまで拡がる広大なロシアの食文化を一言で説明するのは無理があります。さいわい前に紹介した農文協の「世界の食文化」シリーズの中に『ロシア』の巻がありますので、それを参考に少しだけ解説していきましょう（沼野充義・沼野恭子『世界の食文化⑲ロシア』農文協、2006年）。

　同書の「はじめに」でロシア料理の特徴がいくつか列挙されているのでそれを紹介します。塩漬けや酢漬けの野菜・キノコ類が多い、前菜とスープの種類が豊富でとくに具だくさんのスープが欠かせない、ピロシキのようなパイ類の種類が多くその中身は野菜、キノコ、卵、果物など多様である、料理の味付けは塩とコショウとシンプルではあるがハーブもふんだんに使われる、果物を甘く煮た保存食品が好まれる、などといったことが述べられています（同上、p. 14）。さらに、ロシアを代表する野菜はビーツ（赤カブ）で、これを材料とするボルシチが代表的なロシア料理となること（同上、pp. 23, 75）、パンはライ麦から作る黒パンで、これを大量に食べること（同上、pp. 27-30）、スメタナ（ロシ

ア風のサワークリーム）をいろいろな料理に添えて食べること（同上、pp. 37-8）、などといったことも挙げられています。

　ボルシチは今ではロシア料理として認識されていますが、もともとはウクライナの料理であったことも指摘されています（同上、p. 75）。ロシアとウクライナの因縁に満ちた複雑な関係についてはここでは触れないでおきます。もう一つ興味深いのは、これもロシア料理の定番として世界的に知られたビーフストロガノフが、じつはフランス起源の新しい創作料理であり、名門貴族であるストロガノフ伯爵にちなんで命名されたということです。ただし、年を取って歯が悪くなった伯爵のための考案されたという俗説は誤りであること、食をめぐる伝説のたぐいをうのみにしてはならないこともきちんと指摘されています（同上、pp. 89-92）。

ポーランド

　次にポーランドについて見てみましょう。ドイツとロシアに挟まれたポーランドでは、基本的にはジャガイモやハム、ソーセージなどの肉製品を中心としたヨーロッパ北部の食文化と共通しています。たとえばビゴスという最も一般的とされる家庭料理は、ソーセージとザウアークラウトとを煮込んだ料理で、ドイツでもよく食べられているものです。また、バルシチと呼ばれるビーツで作った料理がありロシアからの影響も見られます。ただしこの料理はロシアのボルシチと異なって具の入らないコンソメ状のスープです。さらに、ペリメニないしピエロギと呼ばれる、ちょうど中国の餃子に似た料理も広く食べられており、これもロシアと似ています。ちなみにこのペリメニは、本来のロシア料理ではなくウラル地方やシベリアで好まれていた料理であり、おそらく中国のあたりから伝わったものであろうとされています（同上、pp. 171-2）。

　図 10 は、2014 年にポーランドのウッチという都市で開催された食民族学の国際学会において、ペリメニ専門のレストランで夕食会が開かれた折に撮影したさまざまなペリメニの写真です。さまざまな具の入った大きなペリメニが何皿も出てきて、とても食べきれませんでした。懐かしい思い出です。

図10　ペリメニ（ピエロギ）
出所：筆者撮影

チェコ

　同じ中欧の国チェコに移りましょう。チェコの料理は伝統的に肉や肉加工品の料理が主役で、やはりヨーロッパの北の方の食文化と共通します。たとえば、前述したような、初冬の時期に豚を解体して塩漬け肉やソーセージを作る年中行事が行われたりしています。そしてこうした肉料理や肉加工品にはマジョラムというハーブとニンニクで風味をつけることがチェコの特徴とされています（篠塚琢「中央ヨーロッパの食卓、チェコの食卓」『VESTA』116号、2019年、p. 10）。

　チェコの代表的料理は「ヴェプショ、クネドロ、ゼリー」とされており、ヴェプショとは豚肉のこと、クネドロとはパン生地を茹でて蒸しパン状にしたクネドリーキの短縮形で肉料理に不可欠な付け合わせ、ゼリーとはザウアークラウトのことを指します（『週刊朝日百科　世界の食べもの38　東ヨーロッパ1』1981年、p. 203）。クネドリーキと同じような食べものは実は隣接するドイツのバイエルン地方にもあり、こちらは小麦粉やパン粉などで作られるクネーデルという名称の団子です（第2章参照）。根っこを辿れば元は共通する食べものであったと考えられます。チェコは歴史的にみると神聖ローマ帝国の中核地域の一つ

をなしており、中世以来多くのドイツ人も居住していました。ドイツの食文化との共通点が多いのはこうした歴史的背景があるからでしょう。

　チェコはまた世界有数のビール消費量を誇るビール王国としても知られています。第10章でも説明しますが、近代的な下面発酵ビール（ラガービール）の中で現在世界中で最もよく飲まれているピルスナータイプのビールは、ここチェコのプルゼニュ（ドイツ語名はピルゼン）が発祥の地となっています。しかしピルスナーだけではなく、チェコには地域ごとに非常に多様なビールがあり、町ごとに醸造所（ブルワリー）があって地元の人々がビールを楽しんでいます（同上、pp. 209-11）。

ハンガリー

　次にハンガリーの食文化を検討しましょう。ハンガリーはアジア系遊牧民のマジャール人の国で、その料理は他のヨーロッパ諸国とは趣が異なります。最大の特徴はトウガラシの一種であるパプリカをふんだんに使うことです。アメリカ原産のトウガラシは16世紀以降ヨーロッパに入ってきた新しい食材です。ハンガリーへは16世紀に観賞用としてスペインから、17世紀に食用として当時ハンガリー平原の大部分を支配していたトルコから伝わり、ここハンガリーで辛みの少ないパプリカが生み出され定着したわけです（山本紀夫『トウガラシの世界史——辛くて熱い「食卓革命」』中公新書、2016年、pp. 74-6）。

　ハンガリーはドナウ川中流の大平原地帯に位置しており、中世以来ここで牛などの家畜を大規模に飼育し西ヨーロッパ方面へ輸出していました。こうした背景の下でハンガリー料理といえばやはり肉料理がメインとなります。なかでもハンガリーの国民的料理といえるのがグヤーシュです。これはパプリカを大量に使ったビーフシチューで、もとは大平原で牛を追っていた牧童の素朴な煮込み料理だったものが、19世紀に民族主義の高まりに従って国民的料理へと祭り上げられた料理といえます（山本紀夫、前掲書、pp. 86-9；『週刊朝日百科　世界の食べもの39　東ヨーロッパ2』1981年、p. 231）。この料理は近隣諸国にも伝わり、たとえばドイツではグーラシュとして広く普及しています。

さらにハンガリーの歴史と関連する料理をいくつか紹介しておきましょう。ハンガリーには、巨大な所領を持つマグナートと呼ばれる少数の大貴族と非常に数が多い小貴族がいました。前者の代表といえるのがエステルハージ家で、作曲家のハイドンのパトロンとなったことでも知られています。この大貴族にちなんだ料理にエステルハージ・ローストという薄切り牛肉をローストした料理があります。もう一つは、ハプスブルク家の悲劇の皇妃エリーザベトにちなんだ料理です。1867年にドイツ統一の流れから排除されたオーストリアは、ハンガリーに譲歩して王国として自治を認め（歴史用語ではアウスグライヒと称されます）、オーストリア＝ハンガリー二重君主国という国家が誕生しました。これによってオーストリア皇帝がハンガリー国王を兼ねることとなり、皇妃エリーザベトはハンガリー王妃という地位を得ますが、ウィーンの堅苦しい宮廷生活を嫌った彼女はハンガリーの土地を愛し、ハンガリーの料理も好みました。そうした料理として、鶏肉のパプリカソース煮、パプリカーシュ・チルケ（パプリカチキン）や、パプリカソースでロールキャベツを煮こんだトルトット・カーポスタなどがあります（片野優・須貝典子『料理でわかるヨーロッパ各国気質』実務教育出版、2016年、pp. 224, 226）。しかし彼女の晩年は皇太子の自殺など不幸に見舞われ、ついにスイスのジュネーヴでアナーキストによって暗殺されるという最期を迎えるのでした。

スロヴェニアとクロアチア

　ハンガリーの南に位置するのがスロヴェニアとクロアチアです。この両国はかつてのユーゴスラヴィアの最北部にあり、宗教的にはカトリックで文化的には西ヨーロッパに近い国々です。スロヴェニアやクロアチアの内陸部はオーストリアに隣接しているため、シュニッツェル（薄いカツレツ）などオーストリアと共通した肉料理がありますし、またハンガリー料理の影響も受けています。クロアチアの沿岸部（ダルマチア地方）はアドリア海に面して長い海岸線を有し海産物に恵まれており、またリゾットなどイタリアの影響を受けたと思われる料理がよく食べられています。

バルカン半島

　さて、バルカン半島に目を移しましょう。バルカン半島の国々の料理の特徴をいくつか挙げると、羊が肉料理の主流であること、ヨーグルトを料理に多用すること、トルコ料理と共通したオリーヴや野菜の独特の調理法があることなどとなります。簡単にいえばトルコ的要素が優越しているのです。たとえばこの地域の代表的な料理としては、チョルバ（スープ）、キョフテ（肉団子）、ケバブ（種々の形態の羊の焼肉）、ムサカ（挽肉と野菜の重ね蒸し焼き）、サルミ（挽肉などの野菜包み）、などであり、もちろん名前はその国の言葉で表されますが、これらはすべてトルコ料理と共通しています。バルカン半島の料理がどれほどトルコ料理と共通しているかを示したのが**表2**です。

　なぜこれほどまでにトルコの影響が強いのかというと、それはこの地域が何世紀にもわたってオスマン帝国の支配下にあったからだといえるでしょう。**図11**は17世紀後半、やや盛りを過ぎた頃のオスマン帝国の地図です。オスマン帝国の勢力はバルカン半島のほぼ全域に及んでおり、その支配領域はハンガリーにまで及んでいたことがわかります。1529年には、当時のスレイマン大帝のもとオーストリアのウィーンを包囲攻撃するまでに至っています。そしてこの地図の表題のように、1683年に再びウィーンを包囲しています。このトルコの支配はバルカン半島の大部分では19世紀の後半まで続き、食文化にも大きな影響を及ぼすことになったのです。

ブルガリア

　バルカン半島の中で地理的に最もトルコに近く大きな影響を受けていると思われるブルガリアの料理をいくつか紹介してみましょう。

　代表的な料理は肉（通常は羊肉）を焼いたケバブ（ブルガリアではケバプ）でしょう。肉を野菜などと一緒に串に刺して焼くシシケバブ（シシュケバブ）や、挽肉をソーセージのように長細く整形して網で焼くケバプチェなどがありますが、

表2　トルコとバルカン半島の主な共通料理

ブルガリア		トルコ	ルーマニア	ユーゴスラヴィア	アルバニア	ギリシア
シシケバブ Шишкебап	肉や野菜を串刺しにして焼いたもの	シシ・ケバブ Şiş Kebabı	フリガルイエ Frigăruie	ラジニッチ Ražnjići	シシチェバプ Shishqebap	スヴラキア Σουβλάκια
ケバプチェ Кебапче	ひき肉をソーセージのような形にして網焼きしたもの	ケバプ Kebap	ミティテイ Mititei	チェヴァプチッチ Ćevapčići	チェバプ Qebap	ケバブ（またはケ Κεμπάπ(ι)
キュフテ Кюфте	ひき肉にパン粉や野菜、卵などを混ぜて団子状にして焼いたもの	キョフテ Köfte	キフテルツェ Chifteluțe	チュフテ Ćufte	キョフテ Qofte	ケフテス Κεφτές
ギュヴェチ Гювеч	肉と野菜とジャガイモを陶器に入れてオーヴンで焼いたもの	ギュヴェチ Güveç	ギヴェチ Ghiveci	ジューヴェチ Djuveč	ギュヴェチ Gjyveç	ギュヴェチ Γκιουβέτσι
ムサカ Мусака	炒めたひき肉と薄切りのナスを交互に何層も重ねて焼いたもの	ムサカ Musaka	ムサカ Musaca	ムサカ Musaka	ムサカ Musaka	ムサカス Μουσακάς
サルマ Сърма	ひき肉と米をキャベツやブドウの葉で巻いて煮たもの	サルマ Salma	サルマーレ Sarmale	サルマ Sarma	ドルマ Dollma	ドルマデス Ντολμάδες
パチャ Пача	羊や豚の頭肉や内臓などを煮込んでゼリー状に固めたもの	パチャ Paça	ピフティエ Piftie	ピフティエ Pihtije	パチェ Paçe	パツァス Πατσάς
シレネ Сирене	羊やヤギの乳で作るやわらかな白チーズ	ベアーズ・ペイニル Beyaz peynir	ブルンザ Brinză	シール Sir	フェタ Fetë	フェタ Φέτα
キセロ・ムリヤコ Кисело мляко	（ヨーグルト）	ヨーウルト Yoğurt	ヤウルト Iaurt	キセロ・ムレコ Kiselo mleko	コス Kos	ヤウルティ Γιαούρτι
ピタ Пита	ベーキングパウダーかヨーグルトを入れて丸形や楕円形に焼いたパン	ピデ Pide	ピタ Pită	ピタ Pita	ラクロル Lakror	ピタ Πίττα
ビュレック Бюрек	パイ皮を重ねて、間に白チーズ、ネギなどをはさんで焼いたもの	ボレク Börek	プラチンタ・デ・ブルンザ Plăcintă de brinză	ギバニッツァ Gibanica	ビレク Byrek	ティロピタ Τυρόπιττα
ロックム Локум	（ゼリー状の菓子）	ロクム Lokum	ラハト Rahat	ラトルック Ratluk	ロクム Llokum	ルクーミ Λουκούμι
ラキヤ Ракия	ブドウやプラムを原料にした、アルコール度の高い蒸留酒	ラク Rakı	ラキウ Rachiu	ラキヤ Rakija	ラキ Raki	ラキ Ρακί

出所：『週刊朝日百科　世界の食べもの39　東ヨーロッパ2』1981年、p. 238

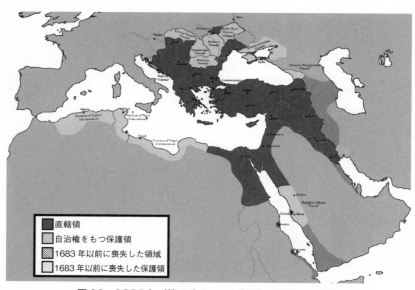

図11　1683年（第2次ウィーン包囲）のオスマン帝国
出所：Wikipedia Commons

トルコにも同じようなケバブ料理が数多くあります。また挽肉にタマネギやパン粉などを混ぜ、団子状にしたキョフテ（キュフテ）という料理もありますし、挽肉と茄子やトマトなどの野菜を重ねて蒸し焼きにしたムサカなどの料理もトルコと共通です。キャベツやブドウの葉で挽肉などを包んだり、中をくりぬいたピーマンやトマトに挽肉や米を詰めたドルマやサルマといった料理も両者に共通しています。さらにサラダやスープにおいても同じような種類があり、たとえば胃袋を煮込んだスープであるシュケンベチ・チョルバはトルコのイシュケンベ・チョルバと同じで、トルコでは専門店があるほどとされています。ヨーグルトドリンクやチャイ、そして甘いお菓子の代表のバクラヴァなどもブルガリアとトルコの共通性を物語る飲食物といえるでしょう〔以上、参考文献は、『週刊朝日百科　世界の食べもの 39　東ヨーロッパ 2』（1981 年）、『同 42　トルコ（1981年）』、鈴木董『世界の食文化⑨トルコ』（農文協、2003 年）など〕。

　そしてもちろんヨーグルトを飲料としてだけではなく、食べものとして、あるいは調味料として頻繁に利用するという点でも、ブルガリアとトルコは共通しています。日本ではブルガリアという国のイメージはまず第一にヨーグルトと結びついています。これは「明治ブルガリアヨーグルト」という商品の大成功に起因するところが大きいと思われますが、ブルガリア本国においてもかつての社会主義時代以来、ヨーグルトはナショナルアイデンティティと結びついた食品としての地位を占めてきました。こうした問題に関しては、現在筆者の同僚である立命館大学食マネジメント学部のマリア・ヨトヴァさんの著書『ヨーグルトとブルガリア――生成された言説とその展開』（東方出版、2012 年）に詳しいのでそちらをご参照ください。

　さてヨーロッパの範囲から少しはみ出てしまいました。第 1 章のヨーロッパの食文化に関して、全体的に、そして中東欧の各国を材料として検討してきました。一口にヨーロッパといっても、個々の国や地域によってさまざまな個性があることを理解していただけたかと思います。次の第 2 章では、ドイツに焦点を当て、さらにそうした個性を探っていきます。

第 2 章

ドイツの食文化

キーワード

パ ン

●

小麦粉食品

●

肉（豚肉）

●

ソーセージ

●

ジャガイモ

●

郷土料理

この章で学ぶこと

第 1 章でみたように、ヨーロッパの食文化には南北差があります。食材の面ではアルプス以北の地域は、イタリアなどの南部とくらべるととくに野菜や果物などでは見劣りがしますし、歴史的にはプロテスタント的な禁欲主義の影響が強く、美食の楽しみからは距離を置く心性がより大きいようにもみえます。

しかしドイツの食文化は決して貧弱なものではありません。日本では、ジャガイモ・ソーセージ・ビールといったステレオタイプで語られることが多いようですが、実際はもっと多様性に富んでいます。

本章ではそうしたドイツの豊かな食の姿を紹介します。

1 ドイツの食文化の基礎

　ドイツの食文化についてのイメージはどのようなものでしょうか。日本では一般的に、フランスやイタリア、スペインあたりが食文化の「先進国」と捉えられているのに対し、ドイツの食文化についてはあまり芳しい評判はないように見受けられます。旅行ガイドなどでも、紹介されるのはジャガイモ、ビール、ソーセージあたりで、豊かな食文化がある国というイメージではありません。第１章でみたように、たしかにヨーロッパの食文化には南北差があります。食材からみるとアルプス以北の地域は、とくに野菜や果物などの種類が少なく、歴史的にはプロテスタント的禁欲主義の勢力が拡がったため、美食を楽しむという心性はより控えめであるようにもみえます。

　しかしだからといって、食文化が貧弱であると決めつけてよいのでしょうか。そもそも、ヨーロッパの国々に関して世間に出回っているステレオタイプな言い回しをうのみにすることは軽率ですし、食文化に関していえば、おいしさやぜいたくな美食だけで評価するのは少なくとも学問的な態度であるとは思えません。たとえば高級レストランの食事と普通の人々が日常的に食べている食事とを区別しなければ意味がありませんし、全国的に普及している食べものもあれば、地域限定で食べられているものもあるはずです。食文化というものはその国や地域の文化や歴史、社会といった総合的な視点から解釈すべきものなのです。そうしたことを無視して、この国の食文化はレベルが高いが、あの国の食文化は貧弱だなどということはできないはずです。

　ではドイツの食文化に関してはどうなのでしょう。

　ドイツはヨーロッパ大陸のほぼ中央部に位置し、歴史的な変動はあるものの、その領域は東西南北いずれにおいても他国と境を接しています。食文化という面からみれば、それゆえ他の国や地域からの影響を受けやすく、そしてまた隣接国との共通性も大きいといえます。その意味でドイツの食文化は、ヨーロッパのアルプス以北の地域の食文化の縮図という性格を持っています。そして、第１章ですでに述べたことですが、人間の身体維持と身体活動のために不可欠な栄養素は、第一義的には糖質とタンパク質であり、それをどのような食

材から摂取するかが、その地域の食文化を規定します。ドイツの場合はどうなるのでしょうか。

　ドイツを含むヨーロッパの北の地域は、これも第１章でみたように、穀物生産と牧畜が結びついた混合農業地域であり、そこにおける最も重要な食資源は、穀類、肉類、乳製品です。糖質は穀類から、タンパク質は肉類と乳製品から摂取するということになります。ただしドイツでは、18世紀末ごろから穀類に加えてジャガイモが、糖質を摂取するための食資源として重要性を拡大し、今や穀類と並ぶ最重要な位置を占めることとなりました。したがってドイツの食生活の基礎は、穀類とジャガイモ、肉類と乳製品から成り立っているといえます。

　しかしもちろんそれだけで食生活が成立していたわけではありません。タンパク質源としての豆類は、かつてはとくに貧しい階層には不可欠のものでしたし、宗教的理由で肉を断つことが求められることが多かった近代以前には、同じくタンパク質源として魚介類も重要な役割を持っていました。植物性の食品としては野菜や果物も、アルプス以南の地域と比較するとやや見劣りがするとはいえ、根菜類やリンゴやベリー類を中心に、ドイツの人々の食卓においては重要な食材でありました。

　さらに、食生活は栄養摂取のみで説明できるものではありません。実際に調理を行う際には味を付けるための食塩などの調味料が必要となるし、脂肪分はおいしく食べるために貴重なものでした。また飲食の楽しみという点からは、アルコールなどの嗜好品もまた人間の食生活には不可欠なものとなります。これに関しては、一部を除いてブドウが生育できないヨーロッパの北半分では、麦類から（ジャガイモ普及の後にはジャガイモからも）作られるビールやエール、さらに蒸留酒のようなアルコール飲料が主に消費されてきました。

　ドイツの食文化はこうした基礎の上に成立しているといえます。これら重要な食材やそれを使った料理について詳しく説明していきたいと思います。まずはパンや小麦粉食品、次に動物性の食材と料理、さらに植物性の食材と料理という順番で取り扱っていきます。

2 パンや小麦粉食品

　ヨーロッパ各国にはさまざまなパンがあり、それが食生活の基礎をなしています。ドイツも例外ではありません。おおまかにいえば小型パンと大型パンに分けることができます。小型パンはブレーチェンといい、パンを意味する "Brot" に縮小辞の "chen" がついてこの発音になります。一説には 1200 を越える種類があるともいわれますが、たいていは小麦を原料としており、ゴマやケシの実、ヒマワリの種などがトッピングされているのもあります（図1）。主に朝食の際に食べられることが多く、また地域によって呼び名や形が違っていたりもします。おおまかにいうと、南ドイツではゼンメルと称され（南ドイツの発音では濁らずセンメルとなります）丸い形をしています（図2）。北ドイツではやや細長い形の小型パンが多くなり、ベルリンなどではこれをシュリッペと称したりします（図3）。また西南ドイツの方に行くとヴェックやヴェッケレとも称されるようです（ミュンスター大学で行われた日常ドイツ語の分布に関する調査結果[1]より）。

　大型パンはブロートと呼ばれます。地域ごとに多様な種類があり、たいていは小麦とライ麦がさまざまな比率で混合されています。なかには第1章で紹介したような、ライ麦100パーセントのプンパーニクルもあり（図4）、また最近では健康食としてフスマの部分を残した全粒粉パンも人気です。

　これらのさまざまなパンはドイツ人の食生活の中にしっかり根づいています。田舎の小さな町にもパン屋があり、人々はそこで日々のパンを買います。もちろん大都市ではスーパーマーケットでもパンを販売していますが、専門のパン屋で買う方がおいしいパンが買えるからです。図5の3枚の写真は北西ドイツ、ウェストファリア条約で有名なミュンスター郊外にあるビラーベックという小さな町で10数年前に撮影したものです。日曜日の朝、人々が焼き立てのパン（小型パンの方）を買いに来る様子です。パンはどんどん焼かれていきますが、客がひっきりなしに来て次々と売れていきます。

　次にパン以外の小麦粉食品を見てみましょう。実はドイツにもパスタがあり

1　https://www.atlas-alltagssprache.de/brotchen/（2021 年 3 月 8 日閲覧）

図 1　トッピングのあるパン
出所：2013 年、筆者撮影

図 2　丸い形の小型パン
出所：2010 年、筆者撮影

図 3　細長い形の小型パン
出所：2016 年、筆者撮影

**図 4　ライ麦 100 パーセントの
　　　プンパーニクル**
出所：2019 年、筆者撮影

図 5　焼き立てのパンを求める人々
出所：2002 年、筆者撮影

図6　シュペッツレ
出所：2009年、筆者撮影

図7　マウルタッシェン
出所：2002年、筆者撮影

図8　フレードレ
出所：2002年、筆者撮影

ます。とくに西南ドイツ、シュヴァーベン地方ではシュペッツレ、マウルタッシェン、フレードレといった小麦粉から作ったパスタ類が郷土食として知られています。シュペッツレは小麦粉と卵から作った手打ちパスタ風の短い麺で、コシはなく柔らかいのが特徴です（図6）。マウルタッシェンは小麦粉生地で具を包んだ、ラヴィオリのような四角い小型餃子風の料理です（図7）。フレードレは卵入りの平麺でスープの具のようにして食べられます（図8）。

　南ドイツではバイエルンを中心にさまざまな団子状の食品もあります。とくに小麦粉や硬くなったパンを砕いたものなどから作るクネーデルは、バイエルン地方では肉料理などの付け合わせとしてよく食べられます。北ドイツではこうした付け合わせにはジャガイモ料理が多いのですが、南ドイツではジャガイモよりこうした団子が多くなります。これは歴史的にジャガイモが北の方から徐々に普及し、南ドイツでの普及が遅かったことと関係すると思われます。もう一つ小麦粉食品として、フラムクーヘンというドイツ版の薄焼きピザのような料理を挙げておきます。これはもとはアルザス地方が発祥の地でしたが、現在では隣接するラインファルツ地方の郷土料理として知られています。

3 肉料理と肉加工品

・・・

肉　類

　次に、タンパク質源となる肉類に移りましょう。第1章でも述べましたが、やはり安いコストで肥育できる理想的な食肉用家畜である豚の肉がドイツでも一般的であり、豚肉を使った肉料理が最もポピュラーなものとなります。かつて森の木の実で飼育されていたという歴史的背景もあり、海に近く痩せた平地の多い北ドイツより豊かな森のある中部・南ドイツが豚肉の本場です。代表的な豚肉料理としては以下のようなものが挙げられます。

- ・シュヴァイネブラーテン（Schweinebraten　豚肉のロースト）
- ・カスラー（Kassler　塩漬し軽く燻製した豚肉のロースト）
- ・アイスバイン（Eisbein　豚スネ肉を茹でたもの）
- ・シュヴァイネハクセ（Schweinehaxe　豚スネ肉のロースト）
- ・ザウマーゲン（Saumagen　豚の胃袋に豚肉やタマネギ、ジャガイモを詰めたもの）
- ・シュニッツェル（Schnitzel　薄く伸ばした肉をカツレツにしたもの、ただし本来は仔牛肉を用いる）

　典型的な豚肉料理として、豚のスネ肉という同じ部位を利用しながら、脂をできるだけ落としたアイスバインとたっぷり脂身をまとったシュヴァイネハクセというふたつの料理を紹介しましょう（**図9**）。どちらも全国的に普及してはいますが、前者はベルリン名物、後者はバイエルン地方の名物として知られている点でも両者は対照的存在といえます。

図9　対照的なふたつの豚肉料理（左がアイスバイン、右がシュヴァイネハクセ）
出所：2010年、筆者撮影

肉加工品

　ドイツの食文化の中では、ソーセージやハムといった肉加工品が非常に重要な位置を占めており、それらを無視して肉料理を語ることはできません。多くは豚肉から作られており、豚肉料理の一つと考えることもできます。まずハムの方から説明します。ハムはドイツ語ではシンケン（Schinken）といいますが、もともとは骨付きの豚モモ肉から作る生ハム（ドイツ語ではローシンケンRohschinken）のことを指します。製法は塩をすり込んだり塩水に漬けたのち空気で乾燥させたり燻製にかけたりします。それによって空気乾燥ハムと燻製ハムに分けられ、ある程度日持ちがする高級な食品です。ドイツでは燻製で作る方法が一般的で、西南ドイツ・シュヴァルツヴァルト地方の生ハム、北西ドイツ・ヴェストファーレン地方の生ハムなどが有名です。これに対し、製造過程で加熱処理したハムはゲコホター・シンケン（Gekochter Schinken）と称されます。こちらは塩漬のほか香辛料や蜂蜜で味つけしたり、燻製したり、圧力を加えて成型したり、さまざまな加工方法で作られます。

　ソーセージはドイツ語ではヴルスト（Wurst）といいますが、もともとは精肉として利用できない部位や内臓、脂肪、血などから作られ、ハムに比べるとよりポピュラーな肉加工品です。それだけに地域によってきわめて多種類の製品があり、ドイツの食文化の豊かさを象徴する食品といえます。「ドイツ食

品普及協会」という業界団体のウェブサイト[2]によると、ドイツには推定でも1750種類のソーセージが存在するとされています。製法や原材料によって茹でソーセージ（ブリューヴルスト Brühwurst）、非加熱ソーセージ（ローヴルスト Rohwurst）、内臓や血のソーセージ（コッホヴルスト Kochwurst）の３つに分類されます。

　茹でソーセージは最も一般的なタイプで、肉の部分と脂身を混ぜて塩や香辛料で味つけをし、ソーセージの皮になるものに入れたのち、加熱処理（「茹でソーセージ」という呼び方はここから由来します）をして製造します。ドイツの各地で店や駅前の屋台などで売られている焼きソーセージはこの茹でソーセージから作られています。地域によってさまざまなタイプがあり、有名なものとしては、少し小ぶりなニュルンベルクの焼きソーセージ、テューリンゲン地方の長い形をした焼きソーセージなどが有名です。焼くだけではなく茹でて食べる場合もあり、新鮮なうちに食べなければならぬとされるミュンヘン名物の白ソーセージもこの茹でソーセージの一種です。ただこれは仔牛肉が原料となります。

　また、ドイツでよく食べられているヤークトヴルストやビアシンケンは、実はこの茹でソーセージの範疇に属しています。前者は粗びきにした挽肉から作られ、後者はぶつ切りにした肉片を挽肉に混ぜて作られます。どちらも普通のソーセージよりずっと太く、スライスして肉屋の店頭に並べられたり、スライスしたものをパック詰めにしてスーパーマーケットで売られたりしており、見た目にはハムの一種のようにみえます。さらに、細かく挽いた滑らかな肉の生地から作るフライシュヴルストもこのタイプのソーセージであり、これもスライスして食べます。チーズ（ドイツ語ではケーゼ）ではないのにレバーケーゼと呼ばれる肉製品がありますが、これもこの茹でソーセージの一種となります。

　非加熱のローヴルストは、生の豚肉（牛肉の場合もあります）と脂身を混ぜてたっぷりの塩と香辛料を加え、室温で乾燥、熟成させて作ります。燻製をする場合もあり、いずれにせよ水分がかなり蒸発するので保存性が高まり長持ちするようになります。サラミがこのタイプですが、北ドイツではメットヴルスト

2　http://doitsushoku.com/ のなかの「ドイツの食肉加工品」のページ参照（2020年９月５日閲覧）。

というハードタイプのソーセージがあり、スライスして食べます。また、テーヴルストという名前の、パンなどに塗って食べるソーセージもあります。これはハードタイプではなく柔らかいテクスチャーなので、ちょうどバターを塗るようにパンに塗ることができます。ドイツのホテルの朝食には、ジャムやバターと共にこのテーヴルストが並んでいる場合もあり、一度試してみるのも面白いと思います。

　内臓や血のソーセージは、その名の通りレバーや血を原料とするソーセージです。レバーヴルストが代表的存在ですが、要するにペースト状になったレバーなので、テーヴルストと同じように塗って食べることができます。ただこのタイプのソーセージは保存性が低いので、すぐに消費してしまわねばなりません。

　以上、豚を中心にドイツを代表する肉料理や肉加工品を紹介してきました。しかしもちろん豚肉だけが消費されているわけではなく、それ以外の牛肉や鶏肉も食生活の中で重要な役割を演じています。たとえばライン地方を代表する肉料理といえば「ライニッシャー・ザウアーブラーテン」という赤ワインで酸味をつけた牛肉の蒸し煮ですし、レストランの定番料理といえるシュニッツェルは本来は仔牛肉から作られます。乳牛のオスはまだ肉質の柔らかい仔牛の段階で肉にされることが多く、仔牛肉はその淡白な味ゆえに広く好まれています。また、戦後にブロイラーが大量生産されるようになると、価格の安い鶏肉が大きな人気を得るようになり、たとえば鶏肉料理が売りもののヴィーナーヴァルトというチェーン店がかつてはどの町にもありました（今でも店舗数は少なくなりましたが存続しています）。

4 その他の動物性食材と料理

乳製品

　タンパク質の供給源としてもう一つ重要な動物性の食材は乳製品です。ドイツはアルプス以北に位置し混合農業が展開されている地域ですから、当然乳製品の生産も広く営まれ、地域ごとにさまざまなチーズやバターがあって、ドイ

ツの食文化を支えています。基本的には、第1章で説明したようなフレッシュチーズや白カビチーズ、青カビチーズ、ウォッシュタイプのチーズ、ハードタイプやセミハードタイプのチーズなどのバラエティに富んだ種類があります。ただ残念なのは、フランスのロックフォールやイタリアのゴルゴンゾーラのような、世界中で名を知られたブランドに乏しいことです。ドイツでよく食べられているゴーダチーズやエダムチーズはオランダのもの、リンブルガーチーズはベルギーのものといった具合に、ドイツのブランド価値が低いわけです。しかし実際には、ドイツにもバイエルン地方南部のアルゴイ地方や北ドイツのシュレスヴィヒ・ホルシュタイン地方など有数の酪農地帯があり、決して乳製品の生産で他国より劣っているわけではないことは確かです。

魚

では同じく動物性の食材としての魚はどうでしょうか。これも第1章で述べたように北海やバルト海は、魚種は少ないけれどニシンやタラの大漁場でしたので、後の地方料理の箇所でも説明しますが、ドイツでも北部の沿岸地域では魚が重要な地位を占めています。内陸部では、沿岸部ほど魚が食べられているわけではないとしても、淡水魚の養殖も行われ、マスやコイなどを利用したそれぞれの地域の独自の料理があります。

さらに近年では、健康食ブームの中で魚が健康に良いとされ、魚料理が全国的に人気を博しています。とくに魚料理レストランチェーンの「ノルトゼー」は、魚介類のサンドイッチやサラダのテイクアウトもできるファーストフードチェーンとして、ドイツ国内のいたるところに進出しており、魚介類消費の地域差はあまり感じられなくなってきました。

図10 ミュンスターにある「ノルトゼー」
出所：2002年、筆者撮影

49

5 植物性の食材と料理

ジャガイモ

　まずはドイツを代表する食材としてジャガイモが挙げられます。第9章でも触れますが、ジャガイモは18世紀末以降に一般的となった新しい食材です。しかし現在では、パンと並んで糖質を供給する最も重要な存在といえるでしょう。代表的なジャガイモ料理としては、ジャガイモ炒め、ポムフリッツ（フラ

図11　カスラーのスライスに添えられたジャガイ
モ炒め（左上）とザウアークラウト（右上）
出所：筆者撮影

イドポテト）、ジャガイモスープ、マッシュポテト、ジャガイモサラダなど多数あります。個人的にはライベクーヘンという名前のジャガイモのパンケーキが好みですが、これはどちらかといえば屋台の料理です。ジャガイモ料理はもちろん単独でも食べられますが、肉料理などの付け合わせとして食べられることも多くあります（図11）。

野　菜

　次に野菜はどうかというと、第1章でも述べたようにヨーロッパ北部に位置するドイツでは、キャベツが代表的な野菜となります。普通の白キャベツももちろんありますが、日本でもおなじみのブロッコリーやカリフラワーをはじめ、ヴィルズィングスコール（チリメンキャベツ）、ロートコール（紫キャベツ）、グリューンコール（ケール）、ローゼンコール（芽キャベツ）、コールラビなど、多くの種類のキャベツがあり、ドイツ人が「キャベツ」にたとえられるのもこうした事情があるからでしょう（もちろんこれは蔑称であり使うべきではない表現です）。

　とくにキャベツを乳酸発酵させたザウアークラウト（図11）は、野菜が不足する冬のビタミン源となるため、ドイツ以外でもアルプス以北の国々で普及していますが、やはりドイツを代表する野菜料理といえるでしょう。スーパーなどでは大量生産された大きな瓶入りのザウアークラウトが売られていますが、もともとは手作りされるものでした。そのほかは根菜類がやはり多くなります。ローテ・ベーテと呼ばれる赤カブはなかでも代表的な存在で、これもポーランドやロシアと共通した野菜です。実はドイツでも例外的に冬に採れる葉野菜があります。それはフェルトザラートと呼ばれる野菜で、ラプンツェルという別名もあります。グリム童話を知っている人であれば聞いたことのある名前だと思います。

　野菜といえば、春から初夏にかけての旬の野菜としてアスパラガスが珍重されます。第1章で触れたように、ドイツ以外の国でも同じですが、とりわけ冬が厳しいドイツではこのアスパラガスに人々は熱狂します。人気のあるのはもっぱらホワイトアスパラガスが中心で、新鮮なうちに茹でて食べることとされます。旬といえば、野菜ではありませんが秋のキノコ類もまた季節感を表現する食材として人気があります。

　野菜類は基本的に肉料理などの付け合わせで、野菜が主役の料理はホワイトアスパラガス以外にはあまりありませんが、例外的な存在がライプツィガー・アレライ（ライプツィヒ風野菜盛合わせ）という名前の料理です。これはアスパラガスも含めさまざまな野菜を茹でて盛合わせホワイトソースをかけて食べます。

その他

　果物類はどうでしょうか。これもヨーロッパ北部に共通することですが、南ヨーロッパに比べると種類が少なくなります。しかし、リンゴやベリー類、洋ナシ、サクランボなど、気候に適した季節の野菜には恵まれています。またこうした果物はお菓子と結びついて、ドイツの菓子文化を豊かにする役割も担っています。その代表例が、西南ドイツ・シュヴァルツヴァルト地方の名物とされるサクランボケーキ（シュヴァルツヴェルダー・キルシュトルテ）です。巨大な

ケーキで、もちろん切り分けて食べますが、それでも一切れが大きくお腹いっぱいになります。

最後に嗜好品について少しだけ解説しておきます。

ドイツといえばビールというイメージがありますが、全国一律にビールが飲まれているわけではありません。ライン川中流から上流を中心とした地域（西〜西南ドイツ）は温暖な気候の下でブドウ栽培がさかんであり、ワイン文化圏を形成しています。もちろん南ドイツのバイエルンや北部・中部・東部ではビールが優越していますが、ビールは圧倒的に男性に偏って消費されているので、ジェンダーの観点からみて真の国民的飲料といえるかどうか微妙です。

ドイツの国民的嗜好飲料といえるのはむしろコーヒーの方です。なぜならコーヒーは男女問わず大いに好まれているからです。コーヒーがドイツで定着するようになるプロセスは、拙著『〈食〉から読み解くドイツ近代史』（ミネルヴァ書房、2015年）第2章で詳しく説明していますので、そちらをお読みください。実際ドイツの街角を歩いていると、非常に多くのコーヒーの店があることがわかります。伝統的なカフェ（ケーキとコーヒーの店）もあれば、パン屋の店先でちょっとコーヒーを飲むというスタイルの店もあります。現在のドイツのコーヒー企業といえば「チボー」と「エドゥショー」（ただし後者は前者に吸収された）そして「ダルマイヤー」などが挙げられますが、こうしたブランドのコーヒー店もあちこちにあります。

ドイツの食材や料理についてずいぶん長く説明してきました。最後にドイツの食文化の地域的特質についてもう少し考察してみたいと思います。

6 地域性から考えるドイツ料理

ドイツは地方分権の国です。中世から19世紀初頭まで神聖ローマ帝国という国家がありましたが、皇帝の権力は不安定で、聖俗の領邦や都市などさまざまな勢力が分立していました。17世紀前半の三十年戦争によってこの分裂状態はいっそう強まり、1871年にようやくプロイセンを中心に統一を成し遂げますが、創設されたドイツ帝国は南ドイツのバイエルンなど十数か国の連合体

で、フランスのような中央集権国家とは類を
異にしていました。現在でも、ドイツでは中
央の連邦政府のほかに各州には州政府、州議
会、州首相がそれぞれ存在し、地方分権が徹
底しています。**表1**のように州は13ありま
すが、そのほかにベルリン、ハンブルク、ブ
レーメンの３都市は州と同じレベルとして扱
われます。

　ドイツは日本列島ほどではないですが、地
域的に気候風土がかなり異なり、地域独自の
郷土料理がいくつも存在します。そうした
豊かな郷土料理を紹介する書籍がいろいろあ
りますが、その中で特筆すべきなのが、1990
年にドイツの再統一を実現したヘルムート・
コール元首相の夫人ハンネローレ・コールさ
んが出版した『ドイツ各州美食の旅』という
本です（**図12**）。西南ドイツのファルツ地方
出身のコール元首相はたいへんな美食家とし
て知られており、いわば夫婦でドイツ各地の
郷土料理を紹介しています。

　以下、いくつかの地域を選び出してその
地域の典型的な郷土料理を紹介していきます。
ただ、注意しておく必要があるのは、現在で
は地域間の食の交流が進み、厳密な意味での
地域限定の料理などは存在しなくなっている
ということです。これは日本でも顕著なこと
ですが、それゆえにこそ、地域のアイデン
ティティの維持あるいは観光振興のために地
域的な食文化が高く評価され強調されるよう

表1　ドイツの13の州

メクレンブルク・フォアポメルン	旧東ドイツ
ブランデンブルク	
ザクセン・アンハルト	
ザクセン	
テューリンゲン	
シュレスヴィヒ・ホルシュタイン	旧西ドイツ
ニーダーザクセン	
ノルトライン・ヴェストファーレン	
ヘッセン	
ラインラント・ファルツ	
ザールラント	
バーデン・ヴュルテンベルク	
バイエルン	

出所：筆者作成

図12　『ドイツ各州美食の旅』
（日本語版はなし）
Hannelore Kohl（ed）, Zabert
Sandmann, 1999

になっています。

北ドイツ

　北ドイツは、州でいうとシュレス
ヴィヒ・ホルシュタイン州、メクレン
ブルク・フォアポメルン州、ニーダー
ザクセン州と広い範囲にわたります
（**図13**）。北海とバルト間に面し、ハン
ブルクやブレーメンといった「ハンザ
都市」として知られた港湾都市があり
ます。地形的には平坦ですが低湿地が
多く森林はあまりありません。土地が
痩せているため農耕より牧畜に適し
ています。こうした地域的特性ゆえに
魚介類の料理が他地域より多く、あと
アイントプフという肉や野菜、ジャガ
イモなどを鍋（トプフ）に入れて煮込
む、質素ながらたっぷりボリュームの
ある料理が特徴となります。

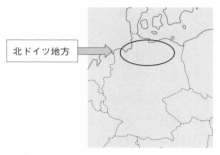

図13　北ドイツ地方

図14　マッチェスヘリング
出所：Wikimedia Commons の「ハーリング」
より転載

　魚料理としては、ヨーロッパ北部と
共通してニシンやタラの料理が一般的です。とくにマッチェスヘリングという
塩漬けのニシン（**図14**）やカベリャウというタラは有名で、さまざまな料理に
用いられます。またアールズッペ(ウナギのスープ)やラプスカウス(塩漬け肉、ジャ
ガイモ、赤かぶ、ピクルスなどを混ぜて目玉焼きをのせたもの）などといった料理
はハンブルクの名物料理として有名です。

ヴェストファーレン

　次はヴェストファーレン地方（**図
15**）です。ここはオランダやライン
工業地帯に近い北西部の穀倉地帯で
穀物、肉類、乳製品など豊かな食材
に恵まれています。この地方の食文
化を象徴するのは、すでに第１章（**図
9**）で紹介しましたが、地元産の生ハ
ムとライ麦100％のパン・プンパー
ニクルを組み合わせた料理です。筆
者はこの地方の中心都市であるミュ
ンスターの「ピンクス・ミュラー」
という地ビール醸造所付設レストラ
ンでいただいたのですが、この料理
には「ヴェストファーレンの晩餐」
という別名があります。やはりヴェ
ストファーレンに属する古いハンザ
都市ゾーストの「ヴィーゼ教会」に
飾られている、最後の晩餐を描いた

図15　ヴェストファーレン地方

図16　プリントフーン
出所：Sabine Sälzer & Gudrun Ruschitzka,
Die echte deutsche Küche, Gräfe & Unzer,
München, 1993, p.160

有名なステンドグラスにちなんで命名されたものです。
　この地方の豊かな食材を利用した郷土料理を他に2、3紹介してみましょ
う。まずミュンスター名物のテットヒェンという料理です。これは仔牛の肩や
首、胸の肉を煮込んだもので、元々は脳みそや舌、心臓などを煮込むワイルド
な料理だったようですが、現在では上品なラグーというスタイルになっていま
す。伝統的な豚肉料理としてはパンハースをあげるべきでしょう。先に内臓
や血のソーセージを紹介しましたが、これはそれらを材料とする料理で、ソー
セージの中身を出してさらに豚の挽肉と血を混ぜ、香辛料を効かせて煮込んだ
ものを固めて作ります。森のドングリを食べてたっぷりと肥った豚を初冬に解

体するというかつての習慣を思い起こさせる料理といえます。もう一つブリントフーンという名前の料理があります（**図16**）。直訳すると「目の見えない鶏」という意味ですが、鶏肉ではなく厚切りのベーコン、白インゲン豆、ジャガイモ、ニンジン、さらに酸味の多いリンゴと西洋ナシを加えて煮込んだ甘酸っぱい味のアイントプフの一種です。この奇妙な名前は、「盲目の鶏でさえ穀物を見つける」 "Auch ein blindes Huhn findet mal ein Korn." というドイツのことわざに由来します。日本でいうところの「犬も歩けば棒に当たる」という意味で、この料理は多種類のおいしい材料からできているので、どれを食べても満足できる、というようなニュアンスが込められています。食材の宝庫であるヴェストファーレン地方らしい料理です。

シュヴァーベン

　南の方へ移ります。西南ドイツに位置するシュヴァーベン地方（**図17**）はネッカー川の中・上流域にあたり、平地と丘陵地がまじりあった地域で、小麦粉から作る麺やパスタの料理が多いことなど特徴的な食文化があります。その代表は前にも紹介したシュペッツレで、肉料理などの付け合わせとして一般的です。その他、これも前述のマウルタッシェンやフレードレがありますが、小麦粉の代わりにジャガイモを使ったシュプフヌーデルという細長い団子のような料理もあります（**図18**）。

　シュペッツレは食材としても用いられ、チーズシュペッツレ、レバーシュペッツレ、さらに、シュペッツレを牛

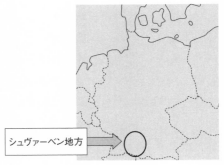

図17　シュヴァーベン地方

シュヴァーベン地方

図18　シュプフヌーデル
出所：*Die echte deutsche Küche*, p.45

56

肉やジャガイモ、野菜と一緒に煮込んだガイスブルガーマルシュ（ガイスブルクの行進の意）という名前の料理などもあります。これらは付け合わせではなく立派なメイン料理となります。

バイエルン

　バイエルン王国はかつての南ドイツの雄で、1871年にプロイセン中心のドイツ帝国が成立した際にも、郵便や電信、軍隊について独自性を保っており、プロイセンへの対抗心の強い領邦でした。食文化においてもこうした独自性が認められます。ドナウ川上流域に位置し肥沃な平野が広がっており、とくに豊かな食材に恵まれた地域で、穀物、肉類、野菜などを材料としてさまざまな地域的特徴を持つ料理が発展しています（図19）。

　ジャガイモより小麦粉を使った料理が多いのは南ドイツ共通ですが、バイエルンではクネーデルという団子が肉料理などの付け合わせとして最もポピュラーなものです。ゼンメルクネーデル、すなわち小型パン（ゼンメル）を細かく砕いてミルクや卵などを加えて作る団子が一般的なクネーデルですが、レバークネーデルのように中にさまざまな具材を入れたクネーデルもあります（図20）。

　しかしやはりバイエルンらしいのは肉料理ということになります。代表的な肉料理としては、前に紹介したシュヴァイネハクセが挙げられます（図9）。豚のスネ肉をそのままローストした、

図19　バイエルン地方

バイエルン地方

図20　レバークネーデル
出所：*Die echte deutsche Küche*, p.18

いかにも肉を食べているという実感を与える料理ですが、仔牛のスネ肉を使ったカルプスハクセというのもあり、これはさらにボリュームのある肉料理となります。バイエルンらしい豪快な肉料理としてはキルヒヴァイガンスというものもあります。これはガチョウ（ガンス）を丸ごとローストした料理で、キルヒヴァイ（教会開基祭）の時に食べる祝祭料理です。ソーセージに関しては、前に紹介したミュンヘン名物の白ソーセージやレバーケーゼがバイエルンらしいソーセージといえます。

ベルリン

　最後に首都ベルリンの料理を見ておきましょう。ここにはこの地域固有の料理もあれば全国に広がった料理もあります。たとえば前にも述べたアイスバインやカスラーは、ベルリン起源とされていますが、いまや全国区の料理となっています。それに対し、小型のハンバーグのような挽肉団子のブレッテや仔牛肉の挽肉から作るケーニヒスベルク風肉団子はベルリン固有の料理といえます。また、17世紀末にルイ14世によってフランスを追われた新教徒（ユグノー）を受け入れたことと関連すると思われますが、フリカッセなどのフランス起源の料理もベルリンにはあります。

　こうした洗練された料理と並んで、平坦で河川や湖沼が多くあるブランデンブルク地方の都市にふさわしい地域食材を使った料理もまたベルリン固有の料理といえます。たとえば、ベルリン南西のテルトウという地区でとれるテルトウ産カブの料理、同じくベルリンを流れるシュプレー川流域で栽培されるキュウリを使ったシュモーアグルケンという名前の料理などがあります。

　最後に、伝統料理では全くありませんが、ベルリンらしい料理を二つ紹介します。一つはカリーヴルスト（カレーソー

図21　カリーヴルスト
出所：筆者撮影

図 22　ドネルケバブ
出所：2019 年、ベルリン・ポツダム広場に近い Mall of Berlin にて
筆者撮影

セージ）です（**図 21**）。今では全国で食べられるようになりましたが、ベルリン
が発祥の地として知られています（ハンブルクが発祥という説もあります）。これ
は、焼いたソーセージをカットしてカレー粉をまぶし、さらにケチャップに似
た専用のソースをかけたもので、紙皿に載せてプラスティックのフォークで立
ち食いするという典型的なストリートフードです。敗戦後の 1949 年に、西ベ
ルリンのソーセージ屋台店主の女性が発明したとされています。
　もう一つはトルコ起源のドネルケバブです（**図 22**）。これもドイツ全国にあ
りますが、やはり首都ベルリン、とくにトルコ人移民が多く住むクロイツベル
ク地区を象徴する料理といえます。1960 年代の経済成長期に大量のトルコ人移
民を受け入れ、その後彼らの家族や子孫たちがドイツ国内で定住していったと
いう、ドイツの戦後の歴史がこの料理の中に反映されているといえるでしょう。
ある意味で、多文化主義を国是とする現在のドイツを象徴する存在であるとい
えるかもしれませんし、今後ともそうあり続けてほしいものだと切に願います。

東アジア・東南アジアの
食文化

米
（インディカとジャポニカ）

●

魚

●

発酵食品

●

水田漁業

●

醤

●

大　豆

●

豚　肉

●

食事作法

この章で学ぶこと

　第３章では、ヨーロッパからアジアの方へと移動します。ただアジアといっても、西アジアから南アジア、東南アジア、東アジアときわめて多様な世界があります。

　本来であればそのすべてを論じるべきでしょうが、筆者にはとてもその力量はありませんので、西アジアと南アジアは割愛し、第３章では東アジアと東南アジアに限定して説明していきたいと思います。

　小麦と肉、乳製品を利用するヨーロッパの食文化とはまったく異なった、米と魚に主に依存する食文化が展開される地域です。

　私たちにはより身近な食文化ですが、そこにはさまざまな違いも存在します。

稲の研究で有名な農学者で、2021年2月まで和食文化学会会長でもあった佐藤洋一郎の著書『食の人類史』（中公新書、2016年）には、冒頭に「人工衛星から見たユーラシア大陸の植生」というタイトルの非常に印象深い口絵写真が掲載されています。それに類似した**図1**をご覧ください。モンゴル高原（A）からサハラ砂漠（B）に至る乾燥した「イエローベルト」の両側に緑色の農耕ゾーンが広がっており（残念ながら白黒写真のため色は不明ですが）、西側のヨーロッパからシベリアまで伸びる地域が「麦農耕ゾーン」、東側のインドシナ半島から日本列島までの地域が「アジア夏穀類ゾーン」となっています。それぞれの特徴づけについては、同書を熟読していただければたいへん納得のいく説明が書かれていますので、ぜひお読みください。ここで言いたいのは、世界の食文化というものを考える際に、ヨーロッパを中心とした一つのまとまりと、東アジア・東南アジアを中心としたもう一つのまとまりがあるということです。第3章ではこの「アジア夏穀類ゾーン」を取り上げることになります。

　この地域の特徴は、雨が多く水に恵まれており、肥沃な土地で水田が開発され、生産性の高い米が広く栽培されて主食となっていること、さまざまな水域で漁撈が行われ、魚が食料資源として大いに利用されていること、豚や鶏は飼育するものの、羊などの群れを成す家畜を大量に飼育するような牧畜は行われず、乳利用の文化も発達しなかったことなどです〔こうした特徴の明快な説明としては、原田信男「総括 食と大地の歴史」、原田編『食と大地』ドメス出版、2003年、p. 241、参照〕。これらの点でこの地域の食文化は、ヨーロッパのパンと肉・乳製品を基礎とする食文化とは全く異なった様相を呈しています。ただこの地域は熱帯地域と温帯地域とではかなり違いがあるので、東アジア（温帯）と東南アジア（熱帯・亜熱帯）とを分けて考察した方がよいと思われます。まず東南アジアについて簡単に説明していきましょう。

1 東南アジアの食文化

　近年のいわゆるエスニックブームによって、日本でもタイ料理をはじめ東南アジアの食に触れる機会がずいぶん多くなってきました。日本で一般的に認識

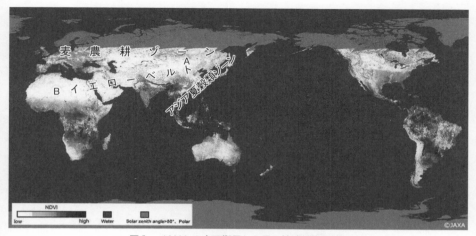

図１　JAXA の人工衛星から見た地球規模の植生
出所：https://global.jaxa.jp/projects/sat/topics.html をもとに筆者加工。
2018年１月１日から９日に取得されたSGLI観測データから得られたグローバル正規化植生指数（NDVI）のマップ。NDVI は、高密度のアクティブな植生で高くなり、地球規模での植生の空間分布を示す。

されている東南アジアの料理はどのようなものでしょうか。

　たとえば、ガパオライスや海南チキンライス、ミーゴレン、フォー、生春巻、サテーなどといった料理の名前は、どこかで聞いたことがある人が多いと思います。しかし、どの料理がどの国のものなのかを正確に理解している方はそう多くはないように思われますし、また、同じ料理が複数の国に存在し名称が異なっている場合もあります〔海南チキンライスがその典型で、もともとは中国海南島出身の華僑が東南アジア各国に伝え、シンガポールでは国民食的な料理となっています。タイではカオマンカイと呼ばれます〕。日本では、何となく東南アジア風の料理をエスニックなどと表現しますが、それは非常に表面的な理解であって、実際の東南アジアの食文化や料理はもっと複雑な歴史的文化的背景の上に成立しているのです。そうした事情について、以下検討していきます。なお本書の叙述内容に関しては、長年この地域を取材してこられたフォトジャーナリストの森枝卓士氏の研究に多くを負っていることを申し添えておきます〔とくに森枝卓士『世界の食文化④ベトナム・カンボジア・ラオス・ミャンマー』農文協、2005 年、参照〕。

東南アジアの歴史・文化の重層性

図2　東南アジア
出所：筆者作成

東南アジアは**図2**で示すように、インドシナ半島からニューギニアにいたる範囲の地域で、大きく大陸（半島）部と海洋（島嶼）部に分かれます。ベトナム、タイ、カンボジア、ラオス、ミャンマーは前者、フィリピン、インドネシアは後者に属し、マレーシアは両方にまたがります。しかもそれぞれの国は異なった歴史文化的背景を有しており、それが国による食文化の違いを生み出していくのです。

　東南アジアという地域では、稲作を中心として文明が発達し国家が形成されていくわけですが、その過程でインドの影響を大きく受けています。アンコールワットなどの遺跡からも見て取れますが、東南アジアの文化の根底にはインドのヒンドゥー文化の要素が色濃く残っています。しかしその後11世紀から13、14世紀にかけて、スリランカからインドシナ半島方面に上座部仏教が伝来し、ミャンマー、タイ、ラオス、カンボジアは仏教国となります。それに対し島嶼部へは13世紀頃からイスラーム勢力が進出するようになり、インドシナ半島南端のマラッカを拠点としてジャワ島などがイスラーム化して、マレーシアとインドネシアはイスラーム教国となります。

　ベトナムはこれらの国々とは異なった発展をとげます。この地域は、漢の武帝の時代から10世紀後半まで1000年以上中国の支配下にあったため、中国からの影響が強く、仏教も東アジアと同じく大乗仏教が伝わります。東南アジアで唯一箸文化圏であるように、食文化の面でも中国化しています。フィリピンは、他の東南アジア地域と異なり、国家が形成されるようになる前にスペインの植民地となるのでスペイン文化とカトリックが浸透し、東南アジアの中では特異な存在となりました。

表1　東南アジアの重層構造

位置	国	文化の基層	宗教	植民地
大陸部 （半島部）	ベトナム	中国化	大乗仏教	フランス
	タイ	インド化	上座部仏教	（独立維持）
	カンボジア			フランス
	ラオス			
	ミャンマー			イギリス
	マレーシア（半島部）		イスラーム	
島嶼部	マレーシア（島嶼部）			
	インドネシア			オランダ
	フィリピン	スペイン化	カトリック	アメリカ

出所：森枝卓士氏の解説をもとに筆者作成

　東南アジアの食文化を考える際にもう一つ重大な出来事があります。それは西欧列強による植民地化です。早くも17世紀にはオランダがこの地域に進出し、結局インドネシアを植民地にしたほか、19世紀にはイギリスがマレーシアとミャンマーを、フランスがベトナム、カンボジア、ラオスを植民地とし、さらにフィリピンはスペインに代わりアメリカの植民地となります。何とか独立を維持したタイを除き、この地域は欧米諸国の直接支配を受けることとなり、西洋文化という新しい要素が影響を及ぼすようになります。食の分野においても西洋の食べものや料理が入ってきました。第二次世界大戦後は、東南アジア各国はこうした植民地支配から解放され、それぞれ新しい民族文化を創造しようという方向へ動きますが、長い間のこうした外からの文化的影響はそれぞれの国において重層的な構造をなしており、東南アジアといっても簡単にひとくくりにはできないのです。この重層構造をまとめると**表1**のようになります。

　しかしながら、東南アジアには共通する部分も確かにあり、それは食文化をみるとよくわかります。たとえば稲作文化という特徴です。日本の食文化は米が中心だとよく言われますが、東南アジアの場合は、日本以上に米中心の世界となります。エネルギー源となる糖質は圧倒的に米から摂取するわけです。水田が一面に広がる風景は、何百年と変わらぬ典型的な東南アジアの景観といえます（**図3**）。

図3　ハノイ近郊の水田地帯
出所：森枝卓士氏のご好意により提供

その米には、よく知られているようにインディカ米とジャポニカ米がありますが、東南アジアはインディカ米が主流で、湯取り法という炊き方で調理します。これは米を炊くときに出る粘っこい水分を捨ててサラサラにしてしまう炊き方です。多くはこうして米を粒のまま食べますが、粉にしてライスペーパーやライスヌードルとして食べることもあります。もちろん稲作に適さない山岳部などの少数民族の一部はヤムイモやタロイモ、あるいはサゴヤシデンプンのような食物を主食とする場合もあります。しかしこうした人々も、今では多数派にならって米食へと転換しつつあります。

インディカ米にも、通常の米飯にするウルチと粘りけの強いモチという2つのタイプがあります。これは米のデンプンの主成分となるアミロペクチンとアミロースの比率の違いによるもので、ウルチはアミロペクチンが65～85％、アミロースが15～35％の割合で含まれているのに対し、モチはアミロペクチン100％となります（『からだのための食材大全』NHK出版、2018年、p. 185）。このアミロペクチンによってモチ米はウルチ米より粘り気が強くなります。東南アジアでは一般的にはウルチ米が食べられますが、インドシナ半島の内陸部、ラオスやタイ東北部と北部、中国の雲南省あたりにかけてインディカ種のモチ米を主食とする地域があります。**図4**にあるように、蒸したモチ米を握りずし程度の大きさにつまんで口に運びます。

もう一つ東南アジアに共通する食文化は魚醤の利用です。これは水田稲作農業とも関係があります。水田で稲を栽培する場合、水が豊富にあることが前提条件ですが、稲が生育するときは川や湖沼から田に大量の水を流し入れ、収穫後は水を抜くという高度な水の管理技術が必要です。こうして水田には川や湖沼に棲む淡水魚が入り、稲が育つと天敵の鳥から守られて魚も育ち、これが人々の食料となるわけです。こうした米と魚をセットにするシステムは水田漁業と

名づけられています（石毛直道『魚の発酵食品と酒』石毛直道自選著作集第 4 巻、ドメス出版、2012 年、p. 11）。このようにして獲れた魚はそのまま食べられる場合もありますが、保存食品として幅広く利用されます。塩漬けにして保存することもあれば、発酵作用を利用してナレズシや魚醤にすることも多く、とくに魚醤は東

図4　モチ米の食べ方
出所：森枝卓士氏のご好意により提供

南アジア共通のうま味調味料として広く利用されています。タイのナンプラーやベトナムのニョクマムは日本でもよく知られていますが、この魚醤は東南アジアのさまざまな料理には不可欠な要素となっています。

　こうした魚の保存食品の関係を整理すると、**表2**のようになります（石毛『魚の発酵食品と酒』p. 134）。原料は魚でそれに塩を加えるわけですが、発酵の有無によって大きく分かれ、米の飯を利用して発酵させるのがナレズシです。飯は発酵のスターターのような役割を演じますが食用にはしません。このナレズシが日本列島まで伝わり、やがて発酵させずに酢飯を使うようになったのが日本のスシです。米飯抜きで発酵させるのが魚醤や塩辛の類であり、その中で液状の部分を利用するのが魚醤、魚全体を利用するのが塩辛や塩辛ペーストということになります。

　以上見てきたように、米と魚が東南アジアの最も基本的な食材であり、さらにそれに魚醤のうま味を活かして調理するというのが東南アジア各国に共通した特徴といえます。この魚醤のうま味を好む感覚は東アジア世界とも共通しま

表2　東南アジアの重層構造

魚 + 塩	発酵させる	米飯を利用		ナレズシ
		飯を利用せず	液体利用	魚醤
			液体にしない	塩辛・塩辛ペースト
	発酵なし			塩蔵魚

出所：石毛『魚の発酵食品と酒』p. 134 をもとに筆者修正

すが、東アジアでは魚醤より穀物と大豆を利用した穀醤が主流となります（後述）。また東南アジアには大豆を利用した食品（納豆や豆腐など）も存在します。

　このように東南アジアの食文化は、東アジア世界との共通性がある一方で、香辛料（スパイス）を利用するという点でインドと共通する面も持っています。タイ料理にも使われますが、とくに東南アジアの中でも島嶼部（マレーシアやインドネシア）で香辛料を多用する傾向があります。東南アジアの家庭の台所には、こうしたスパイスを細かく砕いたりすり潰したりするための臼やすり鉢があるのが一般的です。しかしまた、同じ台所に中華鍋や中国式の包丁、まな板があったりすることもあり、まさに東南アジアがインドの食文化と中国の食文化が共存する地域であることがわかります。東南アジア大陸部では、スパイスよりむしろハーブが多く使われます。ベトナムやカンボジアの市場ではさまざまなハーブが売られています。

　さらにもう一つ東南アジアの食文化の特徴として、ココナッツミルクの利用が挙げられます。これは、ココヤシの実の内側の果肉を削り、水を加えて揉んだものを絞って濾した白い液体で、甘みがありカレーなどの調理に用います。インドのカレー料理におけるヨーグルトのような存在です。またココナッツミルクを使った菓子やスイーツ類もさまざまありますし、ココナッツの果肉を削ったフレーク状のものも利用されます。ココヤシは南アジアから東南アジア、南太平洋の島々にも広く分布し、東南アジアの食文化が広い地域との連続性を持っていることを示しています。

　東南アジアの食文化の特徴として最後にもう一つ、生野菜をよく食べることが指摘できます。これは東南アジア独特のもので、インドでも中国でも伝統的に野菜を生で食べることはありません。これに関して森枝氏は、人糞利用と寄生虫の問題との関連を指摘し、「東南アジアでは人糞農耕が行われず……同時に、香辛料をすり潰し……それに魚醤、塩辛を合わせたたれを米と共に食べるという文化の発達が関係している」と主張しています（森枝、前掲書、pp. 258-9）。**図 5** のように、ベトナムの麺料理フォーにたっぷり生野菜が添えられているのがわかります。

　以上、東南アジアの食文化に共通した特徴についてまとめると次のようにな

ります。まず主食は何といっても米、インディ
カ米を湯取り法で炊いた米が中心にあり、それ
に魚がタンパク質源として重要な位置を占めま
す。調味料としては、強烈なうま味成分を有す
る魚醤、さまざまなスパイス、そしてココナッ
ツミルクが利用されます。オリジナルな特徴と
しては生野菜をたっぷりと使います。このよう
に特徴づけることができるでしょう。これに加
えてもう一つ、とくにフランスの植民地であっ
たベトナム、カンボジア、ラオスではいまだに
フランスパンが食生活の中で一定の役割を果た
していることも、西洋からの影響ということで
指摘できるのではないかと思います。

図５　フォーと生野菜
出所：森枝卓士氏のご好意により提供

　こうした共通の土台の上に、各国の食文化の独自性もまた指摘することが
できます。たとえばベトナムの食は中国の影響が強く東南アジアで唯一箸を使
う文化であること、タイ料理は魚醤のうま味とスパイスの激辛の両方が併存し
ていること、ラオスは独特のモチ米文化圏を形成していること、ミャンマーで
は油と豆類が多用されココナッツミルクはあまり利用されないこと、マレーシ
アとインドネシアはイスラームの影響が大きいことなど、さまざまな説明を付
け加えることができるでしょう。しかし紙幅の関係で東南アジアの食文化につ
いてはこのあたりで切り上げ、次に東アジアの方へと移りたいと思います。各
国別の詳細に関しては、森枝卓士氏の『世界の食文化④ベトナム、カンボジア、
ラオス、ミャンマー』（農文協、2005年。とくにこの４国の食文化の特徴を簡潔に
捉えた261-6頁）、および阿良田麻里子氏の手になる『世界の食文化⑥インドネ
シア』（農文協、2008年）をぜひ一読していただければと思います。

2 自然環境や食材からみた東アジアの食文化

　ここでは東アジアの食文化を、一つは自然環境やそれに規定された食材から

の視点、もう一つはその食材を利用した料理および食事方法、という2つの側面から紹介していきます。まずは自然環境と食材について検討します。ただ注意しなければならないのは、東アジア地域（中国、韓国、日本など）は近年経済成長が著しい地域であるため、食の世界の変容が著しく、かつ現在でもどんどん新しい食文化の要素が出現していることです。ここではあまり新しい現象に立ち入ることはせず、古い伝統的な食文化を中心に考察したいと思います。

東アジアの気候風土

　まずは東アジアの地理的環境から考えてみましょう。東アジアと東南アジアのおおよその地理的な配置は**図6**のようになります。

　本章冒頭で紹介した佐藤洋一郎の『食の人類史』では、「アジア夏穀類ゾーン」が植生によって北から「針葉樹の森」、「落葉広葉樹の森」、「照葉樹林」、「熱帯の森」に分けられていますが、東アジアの食文化を論じるとすると、このうち「落葉広葉樹の森」と「照葉樹林」が当てはまります。おおまかにいうと、北の落葉広葉樹林帯は中国の華北地域や北日本が含まれ、農業では主に麦類や雑穀が生産されてきました。南の照葉樹林というのは常緑広葉樹林帯のことです。常緑広葉樹は、葉が深緑色で表面に光沢があるので照葉樹と称され、地理的には中国の華中・華南や西日本が含まれます。この地域では広く米が生産されており、米を中心とした食文化が展開されてきました。本章では、東アジアの食文化を後者、すなわち照葉樹林の地域を中心に検討したいと思います。

　ところでこの照葉樹林地帯は、大きくみれば、インドシナ半島北辺部から中国西南部を経て、長江中下流域、そして日本列島の西半分に及ぶ広大な範囲に及びます。この地域には、焼畑、納豆などの発酵食品、麹による酒造りなど共通した文化があるとされ、かつて「照葉樹林文化論」として大いに注目を集めました。今は下火になってはいますが、食文化を考える上で重要な地域であることは間違いありません。

　また、日本列島から韓国南部、中国江南地域、インドシナ半島に至る地域は「モンスーン地帯」とも呼ばれます。民俗学者の神崎宣武は著書『「湿気」の日本

文化』（日本経済新聞社、1992年）の中で、この地域の気候を海洋性の季節風（モンスーン）に影響を受ける高温多湿と特徴づけ、その範囲を**図7**のように示しています。この地図の範囲は東アジアに限定されてはいませんが、高温多湿という特徴は東アジアの食文化を考える上で非常に重要なものといえます。

この地域の環境と食文化の関係を考えてみましょう。夏の高温多湿という気候風土が食文化の基礎的条件を形成することとなります。稲は小麦など他の穀物と比べ生産性が高く、多くの人間を養うことが可能です。現在の農業技術では1粒の米から約2000粒が収穫できるとされています（原田信男『和食とはなにか──旨みの文化をさぐる』角川ソフィア文庫、2014年、p. 21）。この稲は夏の成長期に高温と豊富な水が必要であるため、東アジアや東南アジアのような高温

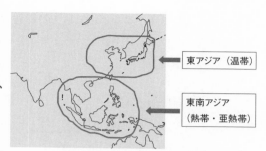

図6　東アジアと東南アジアの地理
出所：筆者作成

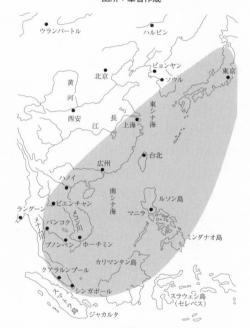

図7　モンスーン地帯のイメージ
出所：神崎宣武『「湿気」の日本文化』日本経済新聞社、1992年、p.12

多湿の環境に最も適した作物といえます。また高温多湿という条件下ではカビが発生しやすく微生物も繁殖しやすくなります。したがってこの地域では、人間に役立つカビ（コウジカビなど）や微生物（乳酸菌や納豆菌など）を利用した発酵食品の生産にも適しているのです。もう一つ東アジアは、本章冒頭にも指

摘したように、さまざまな水域で広く漁撈が行われ、魚が食料資源として利用されていることも大きな特徴といえます。

東アジアの基礎的食材

　こうした自然環境に基礎づけられた東アジアの食の基本的な要素について次に検討します。第1章で検討したヨーロッパの場合と同様、人間の生存に不可欠な糖質とタンパク質をどのような食物から摂取するかという視点からまず考えます。そうすると東アジアの食を支える最も基本的な食材は、糖質を供給する米、タンパク質を供給する魚と豆類ということになります。ヨーロッパ（麦類、肉、乳製品）とは全く異なる食文化であることがわかります。

　それに加えて、次に重要な食物は豚肉と野菜（山菜を含む）になります。いうまでもなく豚肉はタンパク質源であり、野菜は身体に必要なビタミン類を供給します。東アジアではもう一つニワトリの飼育も拡がり、鶏肉と卵がタンパク質源として追加されます。ただし日本では歴史的に肉食が忌避されてきました。さらに、東アジアの食文化で不可欠なのがさまざまな発酵調味料です。ここまではだいたい東南アジアと共通していますが、東アジアではこの発酵調味料において魚醤より穀醤や豆醤の占める比率が大きいという違いがあります。嗜好品も食文化においては重要で、その代表である酒もまた発酵食品です。湿度が高いためカビを利用して穀物のデンプンを糖化するという点で、高温多湿という自然環境に適合したものといえます。

　以上、ごく簡単に東アジアの食を構成する基本的要素を紹介してきました。以下、それぞれの食材についてもう少し詳しく考察していきます。

米——糖質の源

　米は東南アジアと同じく東アジアにおいても、エネルギー源となる糖質を供給する最も重要な食べもので、主食となります。この米にはインディカとジャポニカという区別があるということは、前の東南アジアのところで説明しまし

た。東アジアにおいても同様ですが、日本や韓国ではジャポニカ米が食べられており、この点で東南アジアとは異なります。モチとウルチの違いがアミロースとアミロペクチンの含有量の比率によることもすでに説明しましたが、ジャポニカ米はインディカ米よりアミロペクチン含有量が多い傾向があり、それゆえ炊くと粘りが出ます。またついでにいえば、一般的にジャポニカを短粒種、インディカを長粒種と呼ぶことが多いのですが、なかには長粒のジャポニカ米、短粒のインディカ米もあるため必ずしも形では区別できません。

　このジャポニカ米の原産地は中国の長江中下流域とするのが定説です（佐藤『食の人類史』p. 120；原田『和食とはなにか』p. 28）。ただこれに関して、佐藤は興味深い指摘をしています。もともと照葉樹林は、落葉広葉樹と異なり冬でも葉が生い茂るため、昼なお暗い『もののけ姫』の世界であり、「人には親和的ではなかった」ということです。しかし、この地域への稲作の導入と拡大により環境が変化していきます（佐藤、前掲書、p. 115）。低湿な平野部では水を管理して水田稲作が行われるようになりました。稲は先述のように非常に生産性が高く、膨大な人口を扶養することができます。ただしそのためには、水資源を適切に管理するための強大な権力が必要であり、これは国家形成へとつながります。また水田は米だけではなく、淡水魚や大豆の生産の場ともなります（後述）。

　他方、山間部では森を切り開いて焼き畑による陸稲栽培が行われるようになりました。この焼畑について一言付け加えておきたいと思います。現在では乱開発や環境破壊と結びつく悪いイメージがありますが、本来は「焼畑の技術は……環境にやさしい農業のひとつ」（佐藤、前掲書、p. 123）でした。ここでは詳しく説明できませんが、焼畑はむしろ林産資源の持続的な利用方法として環境保護に役立つ農法であり、日本では農業の近代化によってしだいに縮小しつつも、伝統農法として現在でも行われています。**図8**は山形県庄内地方で在来野菜の温海カブを栽培しているところです。

　以上のように米が東アジアの食文化の基層をなすわけですが、中国の華北のように東アジアの北半分にあたる地域では、小麦や雑穀が糖質の源となっていました。これらは粒食の米とは違って製粉して、饅頭（マントウ）、煎餅、麺類、餃子などの食品に加工します。今から半世紀ほど前の北部中国の食について語

**図8　山形県庄内地方で栽培される
在来野菜の温海カブ**
出所：2019年10月和食文化学会山形大
会のフィールド旅行にて筆者撮影

られた、賈恵萱・石毛直道『食をもって天
となす——現代中国の食』（平凡社、2000年）
の内容を紹介しつつ少し説明しましょう。

　主食として食べられていたのは饅頭や花
捲（ホアジュアン）で、これらは小麦粉で作っ
た蒸しパンのようなものです。米でいえば
白ご飯のように具は入れません。花捲は小
麦粉の生地を花形に巻いて作ります（同上、
pp. 60-1）。煎餅（チェンビン：小麦粉を薄く
焼いたもの）や包子（パオツ：肉まん）も食
べられています（pp. 87, 112）。かつての貧
しかった時代にはトウモロコシ粉から作る
窩頭（ウォートゥ）も食べられていました（p.
25）。餃子もよく食べられますが、基本は水餃子です（p. 58）。具入りの餃子は
小麦粉で作る皮が主食であり、具が副食にあたるのでそれだけで単独の食事と
なり、日本のように焼き餃子をおかずにして白ご飯を食べるという食習慣とは
全く異なります。

　これに対し中国南部は米作地帯で、北部とは対照的な食文化が展開されてい
ました。ただし米の生産性は非常に高く、重要な食料として古くから北部へも
進出していました。米の生産の中心は、宋代においては長江下流域であり、「江
浙（江蘇省・浙江省）熟すれば天下足る」と言われていました。明代末には長江
中流域が米生産の中心となり、「湖広（湖北省・湖南省）熟すれば天下足る」と
言われるようになります。こうした地域で収穫された米は大運河などを通じて
北部へも運ばれ、中国の膨大な人口を支えてきたわけです。

魚と大豆と豚肉——タンパク質の源

　次に魚について検討します。先述のように東アジアでは、タンパク質の源と
しての食材は主に魚類となります。河川や湖沼、海洋とさまざまな水域で得ら

れ、淡水魚、海水魚、貝類、甲殻類など種類はきわめて多く、地域によるバラエティも大きいといえます。この水域には水田も含まれます。東南アジアと同様に、水田には川や池から灌漑のため水を取り込み、淡水魚がその中で生育します。それゆえ水田稲作が展開されていた地域では、淡水魚が食資源として重要な役割を持つことになります。

　また、広大な内水域を持つ中国では河川、湖沼で育つ淡水魚が食資源として広範に利用されてきましたし、養殖も広く行われてきました。コイの養殖はすでに紀元前に始まっています。養殖されているはコイのほか、ソウギョ、青魚、ハクレン、コクレンなどで、これらの魚は総称して家魚と呼ばれています（周達生『世界の食文化②中国』農文協、2004年、第2章、参照）。

　日本列島でも、内陸部を中心に淡水魚が利用されてきました。典型的な淡水漁業が行われてきたのが琵琶湖で、コイ、フナ、アユ、モロコ、ビワマス、シジミ、スジエビなどは近江地方で広く利用されてきました。養殖もまた行われ、長野県佐久地方のコイ養殖などが有名です。

　海の魚ももちろん貴重なタンパク質源となります。海岸線が相対的に短い中国では海の魚の利用は限定的ですが、三方を海に囲まれた韓国、島国である日本では豊富な海産資源を利用してきました。ただし、漁獲技術が未発達な間は沿岸漁業のみで魚種も限定されており、海洋資源を大規模に利用するようになるのは時代が下ってからとなります。日本における漁業技術はとくに江戸期以降に発達し、さまざまな網を利用した漁法などが開発されるようになりました〔これに関しては、平沢豊『日本の漁業——その歴史と可能性』（NHKブックス、1981年、第4章「日本的漁法の展開と成熟」参照〕。

　魚は腐りやすいため、魚介類の保存のための種々の加工技術も発達しました。乾燥させて干物にしたり、塩漬けや塩辛にしたり、燻製など多様な方法があります。東南アジアと同じように発酵を利用する方法もあります。ナレズシもその一つですが、中国大陸では消滅してしまいました。しかしこのナレズシは日本列島に伝播して独自の進化を遂げることになります。これについては次章でも少し触れます。

　東アジアにおいてもう一つタンパク質源として重要なのが豆類、とくに大豆

です。大豆は東アジア原産で、4000年以上前から栽培され、作物としては弥生時代初期に中国から伝来しました（星川清親『栽培植物の起原と伝播』二宮書店、1987年、pp. 54-5）。近代になると世界中に生産が広がります。豆類は一般的に、空気中の窒素を固定するのでタンパク質を多く含んでいますが、とくに大豆はタンパク質含有量が大きく、可食部100グラム当たりのタンパク質含有量は、小豆やエンドウ豆、インゲン豆が約20グラム前後であるのに対し、大豆の場合34グラムもあり「畑の肉」と呼ばれるように良質のタンパク質源となるわけです（『からだのための食材大全』NHK出版、pp. 194-7）。

　この大豆もまた水田稲作農業と結びついています。それは「畔豆」というものです。水田は水を貯めるために畔を作り、水の出し入れをしなければなりません。その畔の強度を増すために大豆を植え、それを「畔豆」として食料にするわけです。

　大豆はさまざまな食品に加工されます。豆腐、納豆、豆乳、大豆油、などバラエティに富んでいます。また大豆のモヤシは韓国のナムルの材料としても利用されます。なかでも注目すべきは、あとで検討する発酵調味料においても東アジアでは大豆が重要な役割を果たしているということです。ただ世界全体の中に位置づけると、東南アジア、南アジア、西アジア、アフリカ中部が多種類の豆類の起源地になっているのに対し、東アジア原産といえるのは大豆と小豆のみで、必ずしも東アジアが豆類の利用で抜きんでているわけではないことも認識しておくべきでしょう（吉田集而編『人類の食文化』、石毛直道監修「講座食の文化」第1巻、巻末の地図、参照）。

　東アジアにおいて、もう一つの重要なタンパク質源となるのが豚肉です。本章の冒頭で説明したように、東アジア（と東南アジア）は、「非牧畜の世界」で乳利用はしません（石毛直道編『東アジアの食の文化』平凡社、1981年、pp. 22-4）。ただ、食用家畜としては豚とニワトリ（庭先で飼育でき卵も利用可）がいます。もちろん豚以外にも牛、そして中国北部では羊などもいますが、豚は第2章でも触れたように最も効率的な食肉用家畜であり、人間の残飯などで飼育できるため利用価値が高いわけです。ただし肉は基本的には贅沢品であり、日常的なタンパク質源は魚と大豆でした（石毛編、前掲書、p. 26）。さらに日本列島は仏

教などの影響のため豚利用の範囲からは除外されます（とはいえ琉球諸島や南九州などは豚を食用にします）。

　東アジア（と東南アジア）における豚の飼育方法として注目されるのが豚便所の存在です。つまり便所で豚を飼育し、人間の排泄物さえも利用するという飼育方法です。豚は雑食性で何でも食べますが、人間の排泄物まで栄養源としていたわけです。現在のわれわれの目から見るとかなり違和感を覚える方法ではありますが、栄養素を徹底的に利用しようとする点では合理的な方法とみなすこともできます。ただ世界各地で豚が不浄視される理由の一つが、こうした豚の「雑食性」にあるともいえるかもしれません。

発酵調味料と野菜

　東アジアの食では、うま味を提供する発酵調味料が重要な役割を演じます。うま味の追求という点では東南アジアと共通する嗜好といえますが、少し違いもあります。すでに述べたように東南アジアがほぼ魚醤の世界であるのに対し、東アジアでは気候などの関係で大豆や穀物を発酵させた豆醤・穀醤の方が大きな位置を占めるということがそれです。ただし東アジア地域でも魚醤は存在します。日本の「しょっつる」や「いしる」はよく知られているし、韓国では、さまざまな魚介類から作られる塩辛をさらに漬け込み熟成させた魚醤（エッチョ）がキムチ作りに欠かせない存在となっています（朝倉敏夫・林史樹・守屋亜記子『韓国食文化読本』国立民族学博物館、2015年、p. 108）（**図9**）。中国でも山東半島の「蝦醤」のように局地的には魚醤が残っています（周達生『中国食物誌』創元社、1976年、p. 47）。

　東アジア各国にはこうしたさまざまな発酵調味料、すなわち「醤」の世界があります。

図9　『韓国食文化読本』の表紙
朝倉敏夫・林史樹・守屋亜記子『韓国食文化読本』国立民族学博物館、2015年。

日本では味噌と醤油が支配的となっており、その意味でやや単調といえるかもしれません。ただ味噌には様々な地域的バラエティがあり、醤油も地域によって味が異なります。韓国では、テンヂャン（味噌）、カンヂャン（醤油）、コチュヂャン（トウガラシ味噌）の３つの醤が料理に欠かせない基本調味料です。さらに合わせ調味料としてのヤンニョムヂャン（薬念醤）などもあります（朝倉・林・守屋、前掲書、pp. 101-7）。

　これに対し、広大な中国には数多くの発酵調味料があります。日本でいう味噌に当たるのが醤で、醤油に当たるのが清醤（広東語では豉油）となります。さらに日本の八丁味噌に近い豆豉、さらに豆板醤、甜麺醤、蝦油、蠔油（オイスターソース）など多様な発酵調味料があり、そのほかにも無発酵の芝麻醤やXO醤などもあります（周、前掲書、pp. 46-7）。こうした多様な発酵調味料＝「醤」をさまざまな料理に利用することが、東アジアの食文化の大きな特徴の一つといえるでしょう。

　最後に、野菜や山菜が東アジアの食では重要な役割を果たしていることも指摘しておきます。東アジアでは、東南アジアと異なり生野菜を食べることは一般的ではありませんでした。ただし、中国の唐代では現代と異なり野菜の生食が普通に行われていたという指摘もあります（張競『中華料理の文化史』ちくま新書、1997年、p. 147）。もちろん現在は、食の洋風化の影響で生野菜のサラダが食べられたりしていますが、これは新しい現象です。ともあれ、日本、中国、韓国のどの国においても、以下に示すように多様な野菜料理が発達しています。

　歴史的に肉食を遠ざけてきた日本では、食事の中での野菜の比重は当然大きくなり、煮物、あえ物、お浸し、漬物などさまざまな方法で野菜が利用されてきました。他方、李朝以降肉食が展開されてきた朝鮮半島でも、野菜は豊富に食べられています。日本では、韓国の食は肉料理中心と思われがちですが、これは間違いで、「古くから日本以上に豊かな菜食文化がはぐくまれてきた」（朝倉・林・守屋、前掲書、p. 59）のです。その代表がキムチ、ナムル、ピビンパフなどであり、何度も引用している『韓国食文化読本』の表紙も野菜料理です（図9）。

　中国もまた野菜や山菜の宝庫です。古くから野菜が栽培されており、その種類も多く、およそ180種類、よくあるものだけでも100種類以上にもなるとさ

れています（洪光住「中国大陸の食の文化」、石毛直道編『東アジアの食の文化』平凡社、1981 年、p. 185)。中国料理にも数多くの野菜料理があり、単独の料理もあれば肉や魚と一緒に調理される場合もあります。もともとは栽培された野菜が「蔬菜」で、山菜のような野生のものを「野菜」と称していたようですが、現在はあまり区別せず「野菜」と称されているようです（周達生『中国食物誌』創元社、1976 年、p. 169)。いずれにせよ東アジアの食文化において野菜が重要な位置を占めていることに変わりはありません。

3 調理や食事方法からみた東アジアの食文化

　東アジアの食文化や料理について、その基礎となる食材に関して紹介してきました。糖質を供給する最も基本的な食材としての米（中国北部では小麦）、タンパク質を供給する魚と大豆、そして豚肉、それに加えて発酵調味料、さまざまな野菜類、これが東アジアの食を支える最も重要な要素であるといえます。ではこれらを使った調理および食事方法に関して、東アジアの独自性はどうなのかを次に検討します。

湿熱調理法

　調理方法として、東アジアの特徴は「煮る」、「蒸す」などの湿熱調理法が発達していることが挙げられます。これはモンスーンの影響で全般的に夏を中心に大量の雨が降るという気候条件と関連します。ヨーロッパや西アジアなど雨が少ない、ないし乾燥した地域では、パン焼きかまどやオーブンなどを利用する乾熱調理法が優越していることと対照的です。

　その代表例は米の炊き方です。米は大量の水を使って調理します。ただし、東南アジアのところでも触れましたが、インディカ米は通常は湯取り法で炊きます。これは「洗った米を多量の水で煮て……余った湯を捨てて弱火にかけ……炊き上げる」という方法で、粘り気のないサラサラのご飯ができます。東アジアのいくつかの地方、中国南部と北部で一般的な方法です（石毛直道『日本

の食文化史——旧石器時代から現代まで』岩波書店、2015年、p. 31）。

　これに対し、日本列島、朝鮮半島、フィリピン、中国の長江地域で行われるのが炊き干し法です。この方法では「途中で湯を捨てることなく炊き上げる……炊きあがった米がすべての水分を吸収して固形の飯ができる」（同上、p. 32）ということになります。ジャポニカ米は炊き干し法で炊き、おなじみの粘り気のあるご飯ができます。さらにモチ米の場合は、蒸すという方法が取られます。いずれの方法にせよ、水を介して熱を加えるということは共通しており、米の調理法は水と不可分であるといえます。

　この蒸すという調理方法は東アジア的な調理方法といえます。もちろんヨーロッパの料理にも蒸すという調理法はありますが、東アジアの蒸籠のような蒸すことのみを目的とした専用の調理器具はあまり見たことがありません。その代わりヨーロッパの標準的な台所には乾熱調理器具であるオーブンがあります。逆に日本では本格的なオーブンは台所の標準装備ではありません。石毛直道もこの点に注目し、「食物を蒸して食べるための特別な道具が分布するのは東アジアおよびそれに接する東南アジアの一部ということになる」としています（石毛直道『食卓の文化誌』岩波書店、1993年、p. 84）。そう考えると、小籠包や饅頭、茶わん蒸しなどのような料理は東アジアの食文化を特徴づけるものといえるでしょう。ただ北アフリカにはクスクスというひきわり麦の粉を細かい粒状にした料理がありこれは蒸して調理します。

食材を小口に切るということ

　もう一つ東アジアの調理の特徴として挙げられるのが、原則として食材を小口に切って調理しそれを提供するということです。これは、東アジアでは箸を使って料理を食べるということと結びついています。箸で食べるためには、身の柔らかい魚料理などは別として、あらかじめ食材を小さく切っておかないと不便です。これは中世ヨーロッパにおいて一般的であった、食卓の上に大きな肉の塊を置きそれをナイフで切って食べるというような食事作法とは正反対のスタイルです。中国の料理法の特徴としては、次のようなことが指摘されてい

ます。「野菜と肉をぶつ切りにし、それらを混ぜ合わせて舌触りと香りと味が異なる何百もの料理をつくりだすこと」、「小さなエビやカニ、魚を除いて儀式的な宴会のテーブルに動物が丸ごと出されることはめったにない」（イーフー・トゥアン『個人空間の誕生——食卓・家屋・劇場・世界』せりか書房、1993年、p. 58）。この特徴は基本的に韓国や日本の料理にも当てはまることであるといえます。

日中韓の食事作法の差

　このように東アジアは基本的に箸文化圏で、箸を使って食事をするという点では共通した食文化があります。しかし同時に、箸の使い方、匙の有無、食器の持ち方、料理の提供の仕方など国によって食事の仕方における差異もあり、それが食文化の一つの特色となっています。中国、韓国、日本の食器や食事作法について、それぞれを比較しながら見ていきます。

　まず食事の提供の仕方です。これは、料理が各人の個別の皿で提供されるのか（銘々膳）、共同皿で提供されそれを取り分けて食べるのか（共同膳）とに大別されます。中国は共同膳で料理が提供され、それを各自が箸で取り分けて食べるというスタイルです。その際基本的には取り箸は使わず、直箸で取り分けます。韓国や日本ではかつては銘々膳で食事を提供するのが普通でしたが、近代化とともに共同の皿で提供するというやり方も拡大していきました。

　日本では明治・大正期ごろまでは箱膳で食事をしていました。箱膳とは箸や飯茶碗などの個人用の食器を収納する箱のことで、一人ずつの箱膳があり、食事後は食器と箸を湯茶でゆすいで水分をふき取り再び箱に収納するというスタイルをとっていました（石毛『日本の食文化史』pp. 216-8）。これは、飯茶碗と箸は家族同士でも共有せず、個人専用の食器、すなわち属人器であること、さらに伝統的な日本の食事は油脂を使わないため、食後は簡単に湯茶でゆすぐだけでよいことなどの日本の食事文化の特殊性に由来する様式であったといえるでしょう。こうした食事様式は、今でも正月のおせち料理や日本旅館での食事などに痕跡が残っています。ただし、この箱膳の時代には食事中は黙って食べることがマナーとされ私語禁止であったのですが、これば現在では跡形もなく消

滅しています。

　箸と食器に関する食事作法においては、日中韓でさらなるいくつかの相違が
あります。韓国では箸と匙は必ずセットとして両方使われ、縦向きに食卓に置
かれます。日本では匙は使わず箸だけで食べます。箸は短く、食べものをつま
みやすいように先が細くなっており、食卓には横向きに置きます。飯茶碗や汁
椀を手で持っても構いませんし、汁は匙を使わず椀に口をつけて飲みます。中
国でも匙はあまり使わず箸で食べるのが普通で、箸は縦向きに置きます。食器
を手で持ったり、食器に口をつけることも普通に行われます。また、共同膳か
ら料理を取り分けるため箸は長く先も太いままとなっています。

　韓国の食事作法について、朝倉・林・守屋『韓国食文化読本』に基づいて
もう少し詳しく説明します（同書、pp. 122-6）。韓国の食事は汁ものが多く、そ
のため匙（スッカラク）を中心とする食べ方が基本で、箸（チョッカラク）は付
随的なものとなります。ご飯と汁は匙で食べ、箸は副食を食べる際に使います。
その箸は金属製で先はやや細くなります。箸や匙、飯茶碗などの食器は金属製
のものが多いのが特徴で、これは壊れにくいことのほか、金属器文化が古くか
ら発達していたこと、朝鮮半島の森林は松が多く加工に不向きであったことな
どが理由と考えられます。さらに、食事の際には器に口をつけず器を手で持た
ずに食べるのがマナーとされます。皿を口に近づけて箸で掻き込むのは非常に
不作法とされます。

　さらに韓国の食事スタイルについて、2020 年 6 月 25 日立命館大学びわこく
さつキャンパスにて、朝倉敏夫教授（食マネジメント学部長）に、直接うかがっ
たことを付け加えておきます。実は韓国でもかつては日本と同じように銘々膳
で食べ、箸・匙は横向きに置いていたそうです。しかし、近代化とともにテー
ブルと椅子の生活になり、共同膳が拡大し、それとともに箸・匙は縦向きに置
くようになった、ということです。

　中国でもかつては現在のような食事スタイルではなく、銘々膳で食べてい
たようです。古代中国の食事風景を描いた壁画や画像石などがいくつもありま
すが、それを見ると、現在のような椅子と食卓はなく、人々は床の上に敷かれ
た席（薄い敷物）や牀（木製の低い台）の上に履き物を脱いで平座していました。

そして一人ひとりの前に料理が置かれ、箸は横向けに置かれていました。（詳しくは、西澤治彦『中国食事文化の研究——食をめぐる家族と社会の歴史人類学』風響社、2009 年、参照）。

　その後、北方騎馬民族の侵入によって中国の生活文化が大きく変化し、唐から宋の時代以降に食事スタイルも現在のようなものへと徐々に変化していったと考えられます。日本でも明治・大正期までは箱膳が一般的でしたが、大正・昭和前期はちゃぶ台が普及し、その後椅子とテーブルとなり、今では共同膳もふつうになっています（石毛『日本の食文化史』、pp. 216-29）。このように、食事作法は流動的で歴史的に変化するので、固定的に考えることができないということにも留意する必要があります。

　日本のことについてもかなり言及しましたが、東アジアの食文化についてはこれくらいで終わりとし、次章では改めて日本の食文化について検討します。

第 **4** 章

日本の食文化

キーワード

米
●
すし
●
魚
●
大豆
●
発酵調味料
●
日本酒

この章で学ぶこと

　これまでヨーロッパ、ドイツ、東南アジア、東アジアと考察を進めてきましたが、最後に日本の食文化を検討したいと思います。

　日本は東アジア世界に属していますが、周囲を海に囲まれた島国であり、北海道から沖縄まで南北に細長い列島を成しています。そのため多様な自然環境が存在しています。

　第4章では、日本列島の自然環境によって育まれてきたさまざまな食材を取り上げ、米、魚、大豆、野菜、発酵調味料などについて考察を加えていきます。

　われわれの身近にある日常的な食べものですが、日本の食文化という枠組のなかで捉え、その意味を改めて考えていきたいと思います。

1 日本列島の自然環境

　これまでヨーロッパ、ドイツ、東南アジア、東アジアと考察を進めてきましたが、最後に日本の食文化を取り上げたいと思います。これまでと同様に、最初は食文化の基礎をなす自然環境について検討します。

　日本列島は東アジア世界の最も東側に位置します。前章でみたように、東アジアの植生は北の落葉広葉樹林帯と、南側の常緑広葉樹林帯（照葉樹林帯）に分けられますが、日本列島に当てはめると北日本が前者、西日本が後者に属します。ただしこの区分は平野部に限られ、標高が高くなると当然区分線も移動しますし、そもそもこれは人による自然への介入がないことが前提なのであまり意味のない区分であるともいえます。実際にはこの2つの植生は、植林など人の手を経ることによって混ざり合っており、西日本でも落葉広葉樹は広範に存在しており明確な区分線が引けるものではありません。

　日本列島の自然環境の最大の特徴は、南北に細長い島国であることです。北海道北東部は亜寒帯に近く、沖縄は亜熱帯に近いというように、南北の気候が大きく異なります。そして、主要な4つの島のいずれも中央に険しい山岳地帯があります。国土の大半を山岳・丘陵地が占め、平野部は少なく狭小です。河川は数多くありますがいずれも短く、雨が多く降るので川の水量は豊かですが、急流となって海に至ります。ヨーロッパや中国のようなゆったり流れる大陸の川の姿とは全く異なります。

　中央に位置する険しい山岳のため、日本海側と太平洋側とで環境に大きな違いが生じ、とくにそれは冬の気候の極端な差となって表れます。日本海側は世界でも稀な豪雪地帯となります。日本海を流れる暖流（対馬海流）の上をシベリアからの冷たい季節風が吹き、水分をたっぷり含んで日本列島の中央山岳地帯にぶつかり、日本海側の地域に大量の雪を降らせるからです。そして、今度はカラカラに乾いた季節風となって関東平野などに吹き降ろし、太平洋側は逆に冬は乾燥した気候となります。

気候風土と食文化

　以上説明してきたような日本列島の気候風土は、日本の食文化に大きな影響を与えることとなります。それを見ていきましょう。まず、日本列島は全体的には温帯モンスーン気候に属します。それゆえ夏には高温多湿となり稲の成長に適しているため、東アジアの他の地域と同様に水田稲作が広く展開されています。そして湿度が高く、カビや微生物を利用した多様な発酵食品が発達しています。これらもまた東アジア世界全体と共通する特徴といえます。

　さらに日本列島は四方を海に囲まれています。しかもちょうど黒潮（日本海流）や対馬海流のような暖流と親潮（千島海流）のような寒流がぶつかるという位置にあるため、多様な魚種が近海に存在していますし、また瀬戸内海や東京湾などのような内海もあるため、豊富な「海の幸」に恵まれています。内陸で獲れる淡水魚も含めて考えると、魚介類については、1章で検討したヨーロッパと比べても、日本列島は圧倒的な種類の多さを誇ります。

　他方、先にも触れたように国土の大部分は山岳地域で、森林率は約7割とフィンランドやスウェーデンと並ぶほど森におおわれています。それゆえ豊富な山菜やキノコ類が採れます。かつてはこうした山間部で焼畑が開かれ、また狩猟もさかんに行われていたため「山の幸」にも恵まれていました。

　このような日本列島の自然環境は日本の食の特性を形づくる基礎となります。もちろん自然環境のみから一国の食文化が形成されるわけではなく、ヨーロッパについて見てきたのと同様、歴史や政治その他もろもろの要因がかかわってきます。しかし出発点として、まずはこうした自然環境に規定された日本の食文化の基礎的な部分について見てみましょう。

2 日本の食文化を支えてきた基礎的食材

　これまでの考え方に従って、人間の生存と活動に不可欠な糖質およびタンパク質を供給する食材を基礎的食材とみなすと、日本の場合は前者が米、後者が魚と豆、とくに大豆です。米、魚、大豆という3つが日本の食を支える最も

重要な要素であるわけです。これは前章で検討した東アジア全体と同じですが、日本の場合は豚肉の欠如が大きな特徴となります。そして、ビタミン類などやはり人間が必要とする栄養素を供給する野菜や山菜も、東アジア全体と同じく日本列島でも重要な食材となります。さらに、うま味を豊富に含んだ発酵調味料もまた調理や味付けには不可欠であり、日本の場合はとくに大豆や穀物を原料とする穀醤が非常に重要な役割を演じています。また、嗜好品としては米を原料とする酒があり、全体として湿度の高い気候ゆえにカビを利用して米のデンプンを糖化して発酵させるという方法で酒が造られてきました。

　こうした基礎的な食材を利用して日本の食文化が形成されてきたわけですが、以下でそれぞれの食材についてもう少し詳しく見ていきたいと思います。

米

　まずは日本の食文化の最重要の基盤ともいえる米からみていきます。米はエネルギー源となる糖質を供給する最も重要な食材ですが、実は糖質以外に良質なタンパク質も含まれ、また玄米にはビタミンB群なども豊富に含まれています。このように米は栄養的に優れた食品であり、流行りのダイエット等で米は敵視されることが多いですが、これは実は誤った考え方です。

　日本では主食としてもっぱらウルチのジャポニカ米が食べられ、炊き干し法で調理されます（これらの用語についてはすでに第3章で説明しましたのでここでは省略します）。モチ米は餅に加工され、正月の雑煮や鏡餅などハレの食材として利用されます。各地でさまざまな雑煮が食べられており、高度経済成長期以降日本では食の画一化が進行する中で、正月の雑煮はまだ地域的な特色がかなり残されている料理といえます。

雑　煮

　雑煮の起源はおそらく室町末期ごろで、江戸期には全国的に庶民の間にも正月の雑煮が広まったとされます。江戸末期の『守貞謾稿』によれば、正月は全国的に雑煮が食べられており、大坂の雑煮は丸餅で味噌仕立て、江戸の雑煮は

すまし汁と角餅とされています。現在でもこうした地域差は存続しており、餅の形でいえば東日本は角餅、西日本は丸餅で、通常角餅は焼いて雑煮に入れますが、丸餅は焼かずにいれます。雑煮の汁は、近畿地方と香川・徳島は白味噌仕立て、福井は赤味噌仕立て、その他の地方はすまし汁が多いとされます。

　ただし、地域によって実際はもっと多様です。たとえば滋賀県の場合、湖南・湖西は京都と同じく白味噌雑煮ですが、湖東は赤味噌雑煮となり、湖北はすまし仕立ての雑煮です（「滋賀の食事文化研究会」の堀内昌子氏のお話より）。

　雑煮の具材は各地でさまざまで、野菜は冬場に収穫できるものを中心に、いくつかの種類を組み合わせて入れます。魚介類はきわめて多様性に富んでおり、サケやブリの切り身、エビ、カキなど地域によってさまざまですが、鶏肉以外の牛肉や豚肉はほとんどみられず、やはり雑煮には肉食を遠ざけた伝統的な日本の食文化の姿が反映しているといえるでしょう（以上、門口実代「雑煮」、関沢まゆみ編『日本の食文化2　米と餅』吉川弘文館、2019年、pp. 167-98、参照）。さらに香川県のように餡入りの餅を入れる所や山陰地方の小豆雑煮など地方ごとに大きなバラエティがあります。

　米は基本的に粒食です。もちろんウルチ米やモチ米を粉にした米粉は菓子などの材料として利用されますが、私たちがご飯として米を食べるときは粒の形で食べます。炊き立てのご飯を食べるほかに、弁当や携帯用におにぎりにすることも広く行われてきました。おむすびという呼び方もありますが、少数派のようです。おにぎりの形に関しては、以前は東日本は球形か円形、西日本は俵型とされていましたが、現在は三角形が圧倒的に多くなっているようです。これは、コンビニなどの普及によりおにぎりが商品化されたことが大きく影響しています。商品としては運搬などのことを考えると三角形の方が適しているためと考えられます。このことからも、われわれの身近にあるおにぎりが「家で作る」ものから「買う」ものへと変化しつつあることがわかります（以上、石川尚子「おにぎりとすし」、関沢まゆみ編『日本の食文化2　米と餅』吉川弘文館、2019年、pp. 75-91、さらに横浜市歴史博物館監修『おにぎりの文化史——おにぎりはじめて物語』河出書房新社、2019年、参照）。

す　し

　もう一つ米を使った料理といえばすしが挙げられます。前章でも指摘したように、日本のすしの原型は、東南アジアの魚の発酵保存食品に遡ることができます。それが、おそらく稲作と共に中国を経由して日本列島に伝来し、独自の発展を遂げたものが現在のすしになったと考えられます。その意味でナレズシがすしの本来の姿であり、今でも琵琶湖のフナズシなどにその原型が残っています。そして、長期間発酵させ発酵のスターターとしての米は捨てていたのが、米も一緒に食べるようになり、さらに酢を利用して酢飯にするようになって、早ずしと呼ばれるようになりました。押しずしやちらしずしなどの形ができ上がり、しだいに今のすしの形に近づいていったわけです。そして19世紀初めに大都市江戸で握りずしが発明され、これがしだいにすしのスタンダードになっていったわけですが、今でも各地にさまざまな伝統的なすしが残っており、雑煮と共に地域の食文化の多様性を主張しています〔以上のすしの歴史については、篠田統『すしの本』岩波現代文庫、2002年、および日比野光敏『すしの歴史を訪ねる』岩波新書、1999年、参照〕。酢飯と各地の産物を組み合わせた各地の郷土ずしは名物として観光資源にもなっています。

・・

魚

　日本の食文化といえば「米＋魚」となります。その代表が握りずしであり、海外で日本食の代表のようにイメージされているわけです。先ほど見たように、日本列島は四方を海に囲まれ豊富な水産資源に恵まれており、魚は動物性タンパク質を供給する最も重要な食材と位置づけられます。ということで次に魚について見ていきます。

　魚介全体として考えると、鹹水魚（かんすい）、淡水魚、貝類、甲殻類など種類はきわめて多いわけですが、中心となるのはやはり鹹水魚つまり海の魚でしょう。私たちになじみのある名前を挙げるだけでも、マグロ、カツオ、タイ、アジ、イワシ、サンマ、ニシン、サバ、ブリ、ヒラメ、カレイ、フグ、アナゴ、サケ、マス、タラ、その他多種類の魚があります。淡水魚も海の魚ほどではありませんが、

アユ、ウナギ、コイ、イワナ、ヤマメ、ワカサギなどさまざまな種類が思い浮かびます。いわゆる魚以外の魚介類、貝類や甲殻類その他についても、日本では数多くの種類が食用とされています。イカ、タコ、エビ、カニ、カキ、ホタテ、アサリ、シジミ、等々です。

　こうした魚介類は地域的にきわめてバラエティに富んでいるのが特徴です。外海で考えると、太平洋、日本海、東シナ海、オホーツク海では当然生息する魚種が異なりますし、黒潮や親潮などの海流による魚の種類の違いもあります。瀬戸内海、有明海、東京湾、駿河湾、富山湾など内海ではまた異なった漁獲がありますし、さらに沿岸漁業と遠洋漁業という漁業のスタイルによる違いもあります。さらに淡水湖（琵琶湖、霞ケ浦など）、汽水湖（宍道湖、浜名湖など）、河川（無数の大小河川）も併せて考えると、日本列島各地でさまざまな魚食文化が展開されていることがわかります。

　魚介類はまた季節ごとに獲れる種類が異なります。「旬」の概念は、野菜などでは薄れてしまいましたが、魚の場合はまだ色濃く残っているといえます。たとえば「初ガツオ」といえば、黒潮に乗って5月頃に獲れるカツオのことで、初物として江戸時代から珍重されてきましたし、秋になるとサバの脂がのってくるので「秋サバ」として高く評価され、近年不漁が続きますがやはり秋にはサンマが旬となります。厳寒期のたっぷり脂をまとったブリは「寒ブリ」として好まれ、桜の時期の産卵期を迎えたマダイは「桜鯛」と称され美味であるとされます。その他、富山湾で獲れるホタルイカは春が旬、日本海のズワイガニは冬の美味となります。

　変質しやすい魚介類は新鮮なうちに食べるのが理想ですが、現在のような冷蔵冷凍技術や輸送システムができる以前は、保存のためのさまざまな加工の技法が駆使されていました。そうしたバラエティに富んだ魚介類の加工食品があることもまた日本の食文化の特質の一つといえます。保存のために塩や酢を利用したり、干物や燻製にするなどの方法が一般的です。たとえば塩を利用したものとしては、イカの塩辛、酒盗（カツオの内臓の塩辛）、このわた（ナマコの腸の塩辛）、からすみ（ボラの卵巣の塩漬け）、うるか（アユの内臓や卵巣、精巣の塩辛）、へしこ（魚の塩・糠漬け）、などがありますし、干物としてはメザシ、シラス干し、

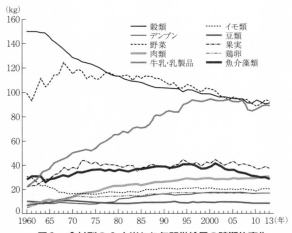

図1　食材別の１人当たり年間供給量の時期的変化
（農林水産省「食糧需給表」）

出所：濱田武士『魚と日本人』岩波新書、2016年、p.19より再作成

ちりめんじゃこ、みりん干しなどが挙げられます。たらこ、明太子、数の子、イクラ、筋子など、魚卵を材料とした加工食品もおなじみの食材です。さらに、竹輪や蒲鉾をはじめとする種々の練り物も日常的に食卓に登場し、またはんぺんやさつま揚げ（地域によってはこれを天婦羅と称する場合もあります）、つみれやごぼう天などは鍋料理やおでんの具として人気があります。日本独特の魚肉ソーセージもまたこうした練り物の一つです。

　面白いことに、練り物としては新しい食品であるカニカマは、近年の海外での"sushi"人気によってヨーロッパなどでも普及しており"surimi"として結構人気を集めています。

　このように日本では、鮮魚だけでなく、保存食材も含めさまざまな魚介類を日常的に摂取しているわけですが、魚介類の消費量は伸び悩み傾向にあります（図1）。欧米では魚が健康的であるとして消費が拡大しているのに、これはたいへん残念なことです。

大　豆

　タンパク質源としては、魚介類以外では豆類、とくに大豆が重要な役割を果たしています。前章でも述べましたが、大豆は豆類の中でもタンパク質を豊富に含み「畑の肉」と呼ばれています。またかつて大豆は、畔豆として水田の畔の強度を増すために植えられており、水田稲作農業と切り離せないものであったことは東アジアの米作地帯と共通しています。他国と比べ豚肉を欠いた日本の食において、大豆の占める重要性はより大きくなり、豆腐、油揚げ（薄揚げ、厚揚げ）、湯葉、納豆、豆乳などさまざまな食品に加工されています。とくに豆腐は、夏の冷奴、冬の湯豆腐をはじめさまざまな料理が工夫され、日本料理において欠かせない食材となっています。大豆油として油脂の原料にもなり、また後述の発酵調味料の原料としても大豆は重要な役割を演じます。ただ世界全体を見渡すと、多種類の豆類が消費されており、とくに宗教的理由で肉食が避けられることも多いインドでは多様な豆の利用法があります。たしかに日本は豆の消費量が多い国ですが、そのほとんどが大豆で、大豆に特化した利用が特徴的であるといえます（講談社編『日本食材百科事典』講談社+α文庫、1999 年、p. 310）。

野菜と山菜

　野菜・山菜類も日本の食の中で重要な位置を占めています。日本の料理は一般的にいわゆる一汁二菜、一汁三菜というスタイルですが、菜にあたるおかずはだいたい魚と野菜から構成され、煮物、あえ物、お浸し、漬物などさまざまな野菜料理が出されます。野菜なしには日本の食は成り立たないといえるでしょう。

　ところで、現在日本で食べられている野菜のほとんどは外来のものです。伝来した時期はさまざまで、ナスとカブラは奈良時代、ネギは古く飛鳥時代以前、ダイコンは平安時代、ニンジンとタマネギは江戸時代、ハクサイは明治時代などとなります。日本固有の野菜はフキ、ワサビ、ウド程度と非常に少ないのです。

山菜についていえば、ワラビ、ゼンマイ、ヨモギ、ツクシ、フキノトウ、タラの芽など数多くありますが、長らく栽培化は行われませんでした。ただし現在ではゼンマイやタラの芽、アシタバなどの栽培が行われるようになっています（星川清親『栽培植物の起源と伝播』二宮書店、1987年、pp. 20-4）。

発酵調味料

　微生物を利用したさまざまな発酵食品は、湿度の高い日本列島に適応した食材です。なかでもうま味をもたらす発酵調味料は、日本の食文化、とくに調理の文化において不可欠の存在であり、日本料理の味覚の最も重要な基礎といっても過言ではありません。日本の発酵調味料は東アジアと同じく穀醤・豆醤が主流で、大豆や米、麦を原料としコウジカビを利用する味噌と醤油が最も基礎的な調味料となります。東南アジアで一般的な魚醤は、「しょっつる」や「いしる」など一部の地域で残っていますが全国的な調味料ではありません。その他の発酵調味料としては酢やみりんが挙げられます。また出汁の基本であるかつお節は、本枯節の場合、製造過程でカビによる発酵を経るので発酵食品の一つとして捉えることもできます。

　ただし、味噌や醤油が広く生産されるようになるのはさほど古い時代ではなく、とくに醤油が大量に生産されるのは江戸時代からです（第7章）。日本では味噌・醤油以外の「醤」は発達せず、その意味で発酵調味料がやや画一的となっていますが、その代わり味噌・醤油の中でいくつかのバラエティが存在します。まず味噌についていえば、味噌の原料は大豆と米か麦で、それにコウジカビを加えて麹を作り、塩を加えて発酵させていくわけですが、この原料によって違った味噌ができます。米で麹で造るのが米味噌、麦で麹を作るのが麦味噌、米や麦を使わず大豆だけで造るのが豆味噌となります。さらにこの3種類の味噌も地域ごとに塩分量によって味が異なり、日本各地でさまざまな味噌が作られているわけです。

　米味噌の代表が信州味噌で、東北や北陸では辛口の米味噌が多くなります。関西では甘口の米味噌が多く、白味噌の甘い雑煮が食べられます。九州は麦味

噌が多くこれも甘口となります。東海地方は米や麦を使わず大豆のみで作る豆味噌となり、これは八丁味噌ともいわれ、色が濃く辛口となります。名古屋の味噌カツなどはこの味噌から作られるわけです。

図2　日本酒のアルコール発酵
出所：石垣悟 編『日本の食文化5　酒と調味料、保存食』吉川弘文館、2019年、p.35の図3をもとに作成

これに対し醤油は、原料は味噌と同じく大豆、小麦、コウジカビ、食塩となりますが、江戸期から大規模に生産されてきた商品であったこともあり、味噌ほどの地域的多様性はありません。ただし東日本が濃口しょうゆ（代表的メーカーはキッコーマンとヤマサ）が多く、西日本は薄口しょうゆ（代表的メーカーはヒガシマル）が多いという地域的特徴があります。東海地方では小麦をあまり使わず味や色の濃い溜り醤油をよく利用します。九州では味噌と同じく醤油も甘口のものが好まれます。また大豆ではなく小麦が主原料となる色の薄い白醤油などもあります。

日本酒

酒もまた発酵食品という枠組みで考えることができます。かつての煎り酒のように調味料としても使われますが、むしろ嗜好品として、日本の食文化において重要な役割を演じているといえます。嗜好品とは、栄養学的にはあまり重要ではないが食の喜びや生活の潤いには非常に役立つものです。現在ではビールやウイスキー、ワインなど、西洋の酒も普及していますが、伝統的な日本文化を考えるとすればやはり日本酒について検討すべきでしょう。

東アジアの酒造りの方法は、米を原料とし、カビを利用して米のデンプンを糖化したのちにアルコール発酵させることにあります。日本酒も基本的に同じ原理で造られます。造り方を簡単に示すと図のようになります（**図2**）。

日本酒を造るには、米のデンプンをブドウ糖に変換するコウジカビとそのブ

ドウ糖をアルコールに変換する酵母の２つがうまく連携する必要あります。ほぼ酵母のみを培養する「酛」（酒母）に蒸米、麹、水を３回に分けて加える（「段掛け」）と、酵母はよく増殖し糖を効率よくアルコール発酵させていきます。糖化とアルコール発酵が同時に進行するため、これを「並行複発酵」といいますが、これによって日本酒は約20度という世界の醸造酒の中で最も高いアルコール濃度を実現させたのです（吉田元「酒」、石垣悟編『日本の食文化５　酒と調味料、保存食』吉川弘文館、2019年、pp. 35-6）。

　日本酒造りに適した条件について少し考察します。まず原料の米が大事ですが、酒造に適した米は食べておいしい米とは異なります。大粒で中心の心白部分が大きく、コウジカビの菌糸が入りやすいこと、さらに雑味の元となるタンパク質や脂質の含有量が小さいことが良い酒造米の条件となります。その代表が山田錦や五百万石などですが、こうした米は食味は必ずしも良くありません。もう一つ重要なのが水です。日本酒の名産地はいずれも良質の水が得られる場所にあります。その代表例が酒どころとして有名な灘（兵庫県）と伏見（京都府）、さらに西条（広島県）であり、新潟や山形、秋田なども日本酒の名産地です。

　酒造りにおいて、麹や酵母が作用するのに必要な温度管理が難しく、かつては温度の低い冬場に仕込むのが通例で、これは寒造りと言われています。春先に絞ったばかりの酒を「あらばしり」、夏を経て秋になって酒質が安定した酒を「秋あがり（ひやおろし）」と呼び、日本酒の季節感を示していますが、現在大手の酒造メーカーは温度管理をして年間を通じて酒を造っています。

　戦後の米不足の時代に酒造米を節約するためアルコールを添加したり糖類を添加した低品質の日本酒が横行し、昭和の時代には日本酒は不人気となり消費量は減少していきました。しかし最近は日本酒の品質向上が著しく、純米酒や吟醸酒、大吟醸などの高品質の日本酒が普及、海外にも進出しています。

　以上、米、魚、大豆、野菜、発酵調味料、日本酒と日本の食文化を代表する食材について考察してきました。しかし、日本の食文化は歴史的に形成されてきたもので、その歴史を検討する必要があります。食の歴史は第Ⅱ部のテーマとなりますので、日本の食文化に関する叙述はいったんここで終了したいと思います。

第 II 部

食の歴史を考える

　第II部では食の歴史について、いくつかのテーマを題材として考えてみたいと思います。ここまで食文化について考察してきましたが、食文化を学ぶ際に歴史的な視点は不可欠です。食文化は固定したものではなく、歴史的に形成されてきたものであるからです。環境の変化や民族移動、権力や支配構造、社会の編成のあり方、交易活動など、歴史を構成するさまざまな要素が組み合わさって食文化を作り上げてきたわけです。

　しかし逆に考えると、「はじめに」でも書いたように、人類の歴史はある意味で食を中心に廻ってきたといえます。世界史上のさまざまな出来事は、いかにして食料を生産し、安定した食料供給や配分を行うかをめぐる人間集団の諸活動のなせる業であったとさえ言えます。産業の発展や交易、戦争や権力争い、民族移動など、歴史的な出来事の背景には必ず食がかかわっており、食こそが歴史を創ってきたのです。

　さらに人類にとっての現代や未来の問題を考える際にも、食の歴史は大きな役割を果たします。健康、他者との対話、弱者への配慮、ジェンダー、国際感覚、環境などといった問題はいずれも食と関係しています。ヨーロッパを代表する知識人で、現代最高の知性といえるジャック・アタリは、「食は歴史の中核に位置する重要な人間活動」であり、「未来を理解し、未来に働きかけるには、食に関するあらゆる難問に答えを見出さなければならない」と言い切っていま

す（ジャック・アタリ『食の歴史――人類はこれまで何を食べてきたのか』プレジデント社、2020年、p. 20）。

　「はじめに」でも触れましたが、日本の世界史教科書においても最近は「食」にかかわるテーマが取り上げられつつあります。例として、最も一般的な山川出版社の『詳説世界史B 改訂版』（2016年文部科学省検定済）を見てみましょう。まず冒頭の「世界史への扉」では世界史を学習する入り口として3つのテーマが取り上げられていますが、そのうちの2つが食に関連したものとなっています。「気候変動と私たち人類の生活」では17世紀欧州の寒冷化と食料不足の下でのジャガイモの普及が説明され、「砂糖からみた世界の歴史」では中南米での砂糖プランテーションの形成と奴隷制の問題が紹介されています。

　教科書本体の記述においても、ところどころで食の問題への言及があります。「農業革命」の問題はすでに「序章」で取り上げましたが、その後旧大陸での古代国家崩壊後の東・西アジアやヨーロッパ間の交易を扱った箇所（pp. 170-1）で、小麦や香辛料、サトウキビ、ブドウなどの広域的な伝播の歴史が叙述されています。また、16世紀「大航海時代」以降の「世界の一体化」の箇所（pp. 176-7）では、ジャガイモやトウモロコシなど新大陸原産食物の普及の説明があり、用語としては出てきませんが、いわゆる「コロンブスの交換」（第Ⅲ部で説明します）のことが触れられています。また中国史の部分における食料生産（＝農業）にかかわる内容においても、すでに第3章で紹介したような長江流域での米の生産拡大のことが述べられ、さらに清朝の支配が安定する18世紀にはトウモロコシやサツマイモの栽培が普及して人口増を支えたとの記述があります（p. 191）。

　きりがないのでこのあたりにしておきますが、食の歴史はこのようにきわめて重要なテーマとみなされるようになっているのです。ではこれから、食の歴史について3つの側面から検討していきましょう。第5章でヨーロッパの食の歴史を概観し、第6章で西洋料理の歴史をフランスを中心に考察し、第7章では日本料理の歴史を紹介します。

第5章

第**5**章

ヨーロッパの食の歴史

「つくる」という視点から

キーワード

ギリシア・ローマ的
食文化

●

ゲルマン的食文化

●

中世農業革命

●

ペスト大流行

●

肉消費量の増減

●

小氷河期

●

飢　饉

この章で学ぶこと

　本章では、ヨーロッパの食の歴史を主に食料
生産の視点から概観してみます。

　第1章でみたようなヨーロッパの食の南北差
は実は古代にさかのぼります。中世にかけてし
だいに北と南が交流し、ヨーロッパ的な食文化
が形成されていきますが、食料生産はかならず
しも安定したものではなく、人口の変動とも絡
まりあいつつ、ヨーロッパの人びとの食生活は
時代の波に翻弄されます。

　本章では18世紀頃までのこうした食料供給
の変遷について取り扱います。

本章では、ヨーロッパの食の歴史を主に食料生産や食料供給の話を中心に概観してみます。

　第1章でヨーロッパの食文化を紹介した際に、南北差があるというお話をしました。アルプス山脈より南の地域では小麦パンや小麦から作ったパスタ類が糖質の源になっているのに対し、北の地域ではライ麦パンやジャガイモが優越していること、魚や野菜・果物においても種類の違いなどがあること、油脂では南の方はオリーブ油で北はバターやラードであること、酒類としては南はワイン、北はビール類であることなどです。

　もちろん気候風土における違いがこうした南北差を生んだ原因の一つですが、そこには歴史も深くかかわってきます。

1 古代の食

　こうした南北差はじつは古代から存在していました。その時代のヨーロッパに当たる地域は、地中海周辺のギリシア・ローマ世界と北方のゲルマン世界に大きく二分され、アルプスの南と北では対照的な食文化が展開されていたのです。ギリシア・ローマ的食文化は、穀物生産と果樹栽培に基礎を置き、それによって得られる小麦・ブドウ酒・オリーヴの3つがギリシア・ローマ文明のアイデンティティとなっていました。ヨーロッパにおける食の歴史研究の大家であるモンタナーリはこれを「穀物の粥やパン、ブドウ酒、オリーブ油、野菜に依拠した菜食的性格を持った食体系」と表現しています（マッシモ・モンタナーリ『ヨーロッパの食文化』山辺規子・城戸照子訳、平凡社、1999年、p. 24）。そして食にかかわる規範としては、中庸、節食、菜食が美徳として理想化されていました。もちろんローマ帝国の繁栄の下で、享楽的で贅沢な食生活を送る人間もいましたが（青木正規『トリマルキオの饗宴——逸楽と飽食のローマ文化』中公新書、1997年）、それは当時の一般的な規範に反する行為とみなされていました（モンタナーリ、前掲書、p. 45）。

　これに対し、ヨーロッパ北方の森に棲んでいたゲルマン人の食生活は、農耕ではなく狩猟・採集・放牧など森や未耕作地での経済活動を基礎としていまし

た。カエサルは『ガリア戦記』の中で、彼らについて「農耕に関心がない。食物の大部分は乳と乾酪と肉である」、さらに「穀物をあまりとらず、主として乳と家畜で生活し、多くは狩猟にたずさわっている」と記述しています（ユリウス・カエサル『ガリア戦記』近山金次訳、岩波文庫、改版、1964 年、p. 121, 203）。また、タキトゥスの著した『ゲルマニア』によると、ゲルマン人の「食べ物は簡素で、野生の果物、取り立ての鳥獣、あるいは凝固させた牛乳である」とされています（タキトゥス『ゲルマニア』国原吉之助訳、筑摩書房、1965 年、p.366）。ゲルマン人の間では、肉・乳製品に依拠する食文化が支配的で、とりわけ支配階層の間では、力の象徴としての肉を至上のものとみなし、また力強い食欲をみたすことをよしとするような価値観が育まれていきました。こうした動物性食品を中心とし大食を美徳とするゲルマン的食文化は、農耕を重要視しパンを「文明」の象徴とするローマ人からは「野蛮」として軽蔑されます。両者の間には「底知れない深淵」が横たわっていたのです（モンタナーリ、前掲書、pp. 33-7）。

　その後、ローマ帝国の衰退とともにゲルマン人たちがローマ帝国領に侵入し、西ローマ帝国の滅亡、ゲルマン人諸国家の建設といった事態の進行の中で、ゲルマン的な食文化も南下し、地中海世界へと拡大していきます。しかし他方、ギリシア・ローマ的食文化を引き継いでキリスト教的食文化が成立します。キリスト教はローマ帝国時代に地中海地域で勢力を拡大し、その後はアルプス以北のゲルマン人地域にも浸透していきますが、そのキリスト教の象徴体系の中では地中海的食文化が優位を占め、パン・ブドウ酒・オリーヴ油が信仰の象徴として重要視されます。パンとブドウ酒はそれぞれイエスの肉体と血を表しており、オリーヴ油はキリスト教の宗教儀式に不可欠であるからです。ゲルマン諸国家がキリスト教を受け入れていくに従って、この地中海的食文化も北進することになります。

　こうして古代末期から中世初期には、パンと肉に象徴されるヨーロッパ南北の食文化の相互浸透が始まり、南北が混合した「『ローマ＝ゲルマン的』な食物規範」（モンタナーリ、前掲書、p. 44）がしだいに形成されていきます。モンタナーリによると、「ヨーロッパのいたる所で、たとえ「南」のヨーロッパのいっそ

う貧しい層であっても以前より肉を食べ始めた……他方、パンもまた「北」の
ヨーロッパの食卓にところを得た」（同上、p. 59）ということになっていきました。
支配階級であるゲルマン貴族たちは、狩猟を行い大量の肉を食べることで自分
の力を誇示し、また庶民も広大な森で飼育される豚から肉を得ることができま
したが、他方では、キリスト教の浸透によりパン・ブドウ酒・オリーヴ油が重
視され、修道院では禁欲的な食規範が求められることになりました。しかしな
がら、食文化における南と北の差異は以後もずっと残っていきます。第 1 章で
見たようなヨーロッパの食文化の南北差はこうした歴史に根づいたものなので
す。

2 中世の食

　中世は、農業すなわち穀物生産において大きな変化があった時代です。その
前提となるのが 11 ～ 13 世紀のヨーロッパで生じた大幅な人口増加です。当時
のヨーロッパでは農業生産力がまだ低いレベルに留まっていたため、人口増加
はすぐに食料不足を引き起こします。そこで森林の開墾や低湿地、沼沢の干拓
による農地拡大など穀物の増産のための努力がなされました。その結果、農業
におけるいくつかの技術革新が生じたわけです。これは「中世農業革命」と呼
ばれています（金澤周作監修『論点・西洋史学』ミネルヴァ書房、2020 年、p. 74、参照）。
　たとえば水車や風車が導入され、より大きな動力が得られるようになりまし
た。小麦は粉食が基本ですから、製粉プロセスの技術革新は食料生産の向上に
つながります。また硬い鉄製の農具が開発されるようになりました。なかでも
鉄製の重い犂（重量有輪犂）の発明が重要です。それを牛や馬につなぐ肩輪が
改良され、さらに蹄鉄も普及するようになると、より効率的に家畜の力を農耕
に利用することができるようになりました。
　もう一つ大きな変化があったのは土地の利用形態においてです。アジアの水
田稲作農業と異なり、ヨーロッパの麦作では同じ土地で麦を栽培すると連作障
害が生じてしまいます。それを防ぐために土地を二分して半分は休耕しなけれ
ばなりませんでした。しかし、作物の種類を変えることで、2 年間耕作し 3 年

目に休耕するという三圃制度が導入されることによって土地の利用効率を向上させることが可能になったのです。具体的には、耕地を3つに分け、以下のようなローテーションで耕作していきます。

　　1年目：小麦・ライ麦（秋に播種、夏に収穫）
　　2年目：大麦・オート麦（燕麦）（春に播種、秋に収穫）
　　3年目：休耕（牛や馬を放牧しその排泄物で地力を回復させる）

　これによって以前の二圃制に比べ土地の利用効率が向上し、さらに大麦やオート麦を牛馬の飼料として利用することもできるようになります。この三圃制度の下で効率的に農耕を行うため、農民の保有地を集中する「開放耕地制度」が導入され、村落共同体全体で共同耕作を行い、大規模かつ効率的な土地利用が可能になります。中世において、このような三圃制度に基づく農業のスタイルがヨーロッパ式農業として成立したわけです。

　その結果、この時期のヨーロッパでは収穫率の向上が実現しました。収穫率というのは1粒の穀物から何粒の収穫があるかという比率ですが、中世初期にはきわめて低く2倍程度しかなかったといわれます。これが中世農業革命を経て、一般的に3〜4倍、場所によっては6〜10倍にも拡大したわけです〔この収穫率をめぐる議論に関しては、森本芳樹「収穫率についての覚書」、『経済史研究』（大阪経済大学日本経済史研究所）第3巻、1999年、pp. 27-60、参照〕。こうして食料生産が大幅に増大し、人口増加を支えることが可能になりました。12世紀以降ヨーロッパでは全般的に多くの都市が誕生していったとされますが、その背景にはこうした人口の増大を可能にしたヨーロッパ式農業の成立があったわけです。

　それとともにヨーロッパの食文化の基本が形成されたと考えられます。それはすなわち〈パン＋肉・乳製品〉という基層構造です。ただし、中世ヨーロッパにおいては社会層による食生活の格差が拡大していきました。食料生産は増大したものの、小麦から作る「白パンは領主層向けの明らかに贅沢品であり、（ライ麦その他で作る）黒パンは農民と農奴のパンだった」というような、パンの色

による大きな社会的格差がありました。さらに貧しい人々は黒パンすら食べられず、大麦やオート麦、雑穀から作るカユに頼って生きていくしかありませんでした（モンタナーリ、前掲書、pp. 61-2）。

　それに加えて、前述のような人口増加に伴って森林が開拓され未開墾地が縮小していったため、全般的に動物性食品の供給が減少します。農民から未開墾地の使用権が剥奪され、狩猟は貴族層の特権と化していきました。こうして「肉を食べること自体が特権化し」、「下層階級の人々の食生活は穀物や野菜などの植物を主とするものとなった」（同上、pp. 78-82）のです。

　領主層と都市市民は食料供給の点で特権的地位を享受し、肉や白パンを食べることができたのに対し、農民の食は基本的に穀物食で、ライ麦や雑穀などの黒パンないしカユ、畑作物として豆類や野菜が中心です。動物性食品としては、せいぜい豚肉やラードに牛や山羊などの乳製品が加わる程度でした。「豆類と野菜に、塩漬けの豚肉少々、動物脂か植物油、固くなったパンのかけらか小麦粉を加えて、農村の主婦はポタージュとシチューを作る。この二種類の温かい料理は、パンとワインを添えて、ほとんどの農村家庭で主となる食事を構成していた」（アントニ・リュエラ＝メリス「封建社会と食——12-13世紀」、フランドラン／モンタナーリ編『食の歴史』第2巻、pp. 549-50）と叙述されるように、全体として植物性食品が優越し、単調な食事が支配していました（ただしこの叙述はワイン文化圏である地中海地域のものと思われます）。

飢饉と「黒死病」

　中世末期になると、ヨーロッパ社会全体が大きな危機に直面し、それが食をめぐる状況を大きく変化させます。危機はさまざまな面に現れました。まずは14世紀初めの頃から始まった気候の寒冷化です。それまでは全体として温暖期であったのですが、これ以降低温で湿潤な夏と厳寒の冬に特徴づけられる寒冷な気候が優越するようになり、これが農業生産に打撃を与え、その結果食料事情が悪化しました。14世紀前半にヨーロッパ各地で飢饉が頻発するようになります（モンタナーリ、前掲書、pp. 116-8）。14世紀はこのほかにも戦乱が拡大し

た時期でもありました。英仏百年戦争（1339 ～ 1453 年）が勃発し、ジャックリーの乱（1358 年）やワット＝タイラーの乱（1381 年）など、社会を揺るがすような事件がいくつも生じています。

　しかしこの時期における最大の危機はペストの大流行です。ペストは中央アジアの風土病で、クマネズミの蚤がペスト菌を運びそれが人間に感染することで発症します。死亡率がきわめて高く、腺ペストの場合全身が紫色に変色して死に至るので、「黒死病」とも呼ばれました。13 世紀に広大な領土を支配したモンゴル帝国下での東西交流拡大が原因でヨーロッパにも伝播したものと推察されます。1347 年に黒海北岸のクリミア半島で発生したペストは、翌年地中海沿岸地域へと拡大し、その後 1351 年にロシアに達するなど、ほぼヨーロッパ全域で猛威を振るいます。このペストの大流行により、ヨーロッパでは驚くべきレベルの大量死がもたらされたのです。しかもペストは、この第 1 次流行の後も数世紀にわたって何度もヨーロッパを襲い、そのたびに多くの人の命を奪うことになりました。

　どれほどの犠牲者が出たのかについては、研究者によっていくつかの数字が示されています。第 1 次流行の死者数について、たとえばマクニールはヨーロッパの「全人口の約 3 分の 1 が死んだ」としています（W・H・マクニール『疫病と世界史』新潮社、1985 年、p. 154）。科学史家の村上陽一郎は当時のヨーロッパの総人口を約 1 億人としてそのうち約 2900 万人が死亡したと推計しています（村上陽一郎『ペスト大流行——ヨーロッパ中世の崩壊』岩波新書、1983 年、pp. 122-32）。さらに大きな数字として、「ヨーロッパは全人口の 40 ～ 60％を失った」とする研究書もあります（服部良久・南川高志・山辺規子編『大学で学ぶ西洋史［古代・中世］』ミネルヴァ書房、2006 年、p. 287）。いずれにせよわずか数年間で人口のかなりの部分が死滅してしまったということは間違いありません。この出来事は社会全体にさまざまな影響を及ぼし、長期的には中世という時代の終焉をもたらしました。

食料経済に与えた影響

　しかしここで注目したいのは、ペストによる人口減少が食の分野にも大きな影響を及ぼしたということです。ペスト流行は 14 世紀中葉以降も繰り返しましたので、14・15 世紀の間ヨーロッパの人口は減少ないし停滞し、そのことが食料経済に大きな影響を与えました。どういうことかというと、一方では人口が急減したため農地が余剰となり森林や未開墾地が拡大し、労働集約的な穀物生産よりも広い土地を必要とする牧畜の方が優位となります。他方労働力不足が生じ、農民や手工業者の賃金が上昇して生活水準が相対的に向上します。そうしたことの結果、全般的に穀物よりも肉や乳製品などの動物性食品の消費量が増えるという現象が生じたのです。かの高名な歴史家フェルナン・ブローデルは、この現象を「幸福な個人生活」の時代の到来と説明しました。

　　おそらく 1350 年から 1550 年に至るまで、ヨーロッパは幸福な個人生活の時代を経験したのであった。〈黒死病〉の破局の直後、労働力が手薄になったために、働く者にとっては生活条件が必然的に良好だったのである。実質賃銀がそのときほど高かったことはいまだかつてなかった（フェルナン・ブローデル『日常性の構造 1　15-18 世紀』みすず書房、1985 年、p. 251）。

　実際この時代の肉消費量は全般的に高水準となっています。ドイツに関しては、経済史研究の大家であるヴィルヘルム・アーベルが同時代史料や後世の研究文献などを検討した結果、「1 人 1 年当り少なくとも 100 キログラムの肉が消費されたという結論はあながち的はずれではない」と結論づけています（W・アーベル『食生活の社会経済史』高橋秀行・中村美幸・桜井健吾訳、晃洋書房、1989 年、p. 12）。これは 1 日平均 300 グラム弱の肉を食べていたという計算となり、現代のドイツの水準のおよそ 2 倍の消費量ということになります。ヨーロッパ＝肉食というイメージにまさに当てはまるような数値であるといえます。しかし、こうした高水準の肉消費が可能だった時期は長くは続きませんでした。16 世紀以降の時代、すなわち近世に入ると、ヨーロッパにおける肉の消費量は減少の一

途を辿ることとなります。

3 近世の食

　ヨーロッパにおける近世という時代は、だいたい16世紀頃から18世紀末のフランス革命までの時期と考えられます。どのような時代であったかというと、ヨーロッパの中では主権国家が成立し、それらの国家同士の熾烈な競争が展開された時代、ヨーロッパの外に目を向けると、大航海時代を経てそれら有力な主権国家が中南米やアジアに勢力を拡大して植民地化を進め、それらの地域から一方的に富を収奪するという構造、すなわち近代世界システムが成立していった時代、と特徴づけることができるでしょう。

　食の歴史の観点からみると、この近世という時代は、アメリカ大陸からヨーロッパへ新しい食物が伝来したことや、宗教改革を経て断食など宗教的な食の制約が緩和されていくこと、種々の料理書が刊行されて食にかかわる知識が普及していくこと、そして何といってもそれまでのイタリアに代わってフランスが料理文化におけるヘゲモニーを確立していったことなどによって特徴づけられます。しかしこれらの問題は次章以下で扱うこととし、本章では、食料供給という側面からこの近世という時代をながめてみたいと思います。

　先ほど名を挙げたドイツの経済史家のアーベルは、14・15世紀から19世紀までのヨーロッパの食料供給の時代的変遷を、人口と関連づけつつ3段階に区分しています。第1段階は14・15世紀の中世末期で、ペストの大流行によって人口が減少したため牧畜が優位となり、肉の供給量も拡大した時期とされます。第2段階は16世紀から19世紀初頭までとされ、ほぼ近世に相当します。この時期は人口増加による過剰人口が生じ、牧畜が縮小し肉供給量も低下する一方、穀物への依存が非常に大きくなった時期とされます。19世紀中葉以降が第3段階で、近代ということになりますが、この時期は人口はさらに増加していくにもかかわらず、その人口増を上回る食料生産の伸びが実現する時代です。その結果食生活の水準が向上し、「肉の消費量が再び増え、他方では植物性食品の消費量が減少する」ということになります（アーベル、前掲書、p. 2）。

人口増加と気候変動

　ここで検討する近世はこの第2段階に当たります。この時期は、14・15世紀の人口減少・人口停滞をようやく脱し、再び長期的な人口増加が生じた時期です。「ヨーロッパの人口は15世紀末から18世紀末にかけて増加を続け、実質的には8千万から1億8千万人まで達した」（ミシェル・モリノー「理由なき成長」、フランドラン／モンタナーリ編『食の歴史』第2巻、p. 756）とされています。この人口増加がなぜ生じたのかについてはあまりよくわかっておりません。ですから「理由なき成長」という表現が使われています。しかし、まだ食料生産のレベルがさほど高くない時期ですから、人口が増加すると必然的に食料が不足してしまいます。古典派の経済学者として有名なマルサスの理論に従って説明すると、人口が増加すると食料供給が逼迫し、食料価格が上昇して実質賃金が低下し、生活水準は低下することとなります。食料生産の点からみると、過剰人口が生じると農地が不足し、再び未開墾地が農地に転換したりして、牧畜より穀物生産の方が優位となり、結果的に肉や動物性性食品の供給が縮小することになります。先ほど見た14・15世紀とは全く逆の現象が生じるわけです。

　しかもちょうどこの時期は、17世紀末頃から18世紀初頭を中心に、「小氷河期」とも称される気候の寒冷化が進んだ時期でもあります。当然この気候の悪化は農業にも悪影響を及ぼし、食料生産にも大きな打撃を与えました。こうして、16世紀から19世紀初頭に至るこの時期は、全体として長期的に食生活のレベルが低下し、とりわけ肉の消費量が減少した時代であると特徴づけられることとなります。ただしもう少し細かく見ていくと、このアーベルのいう第2段階は、およそ100年単位で3つの局面に区分されます。16世紀は人口が急増し食料不足が進行した時期ですが、17世紀には人口が停滞ないし少し減少します。そのため食料の需給がやや緩和されることになります。一般的に17世紀は危機の時代とされ、ドイツの三十年戦争やイギリスのピューリタン革命、フランスのフロンドの乱などの戦乱に明け暮れた時代というイメージがありますが、食料供給という点からみればむしろ危機が若干緩和された時代ということになります。

　しかし、18世紀には再び人口が大きく増加して食料不足が深刻化し、19世紀初頭ないし中葉にかけて飢饉が頻発する時期が続きます。とくに悲惨な状況に陥ったのは、もともと農業に不利な条件下にあり、亜麻布生産などの副業に頼っていた農村工業地域です。こうした地域においては、飢饉が生じ食料の供給が途絶えて食料品価格が上昇すると、農村工業の生産物への需要も減少するため、仕事がなくなり収入が途絶えるという二重の打撃を受けることになりました。飢饉によって、食料供給だけでなく商工業も含め社会全体に打撃が及ぶというこうした現象は、前近代社会特有の現象として「旧型危機」と称されることがありますが、これがアーベルのいう食料供給の歴史における第2段階の特徴的な現象だったわけです。

　ただ別の面からみると、18世紀ごろから輪作の導入などの新しい農業の技術革新がしだいに始まるようになります。これが食料生産の飛躍的拡大を生み、さらに新大陸からの安価な穀物や肉の輸入の増大などとも相まって、人口増を上回る食料生産の伸びが実現していきます。これがアーベルのいう第3段階ということになりますが、この話は第Ⅲ部の方で検討することにして、本章はここで筆をおきたいと思います。

第 **6** 章

フランス料理の歴史
西洋の料理の代表として

この章で学ぶこと

　第5章では食料供給という視点からヨーロッパの食の歴史を考察してきましたが、人間は決して小麦や肉という生の食材を直接口に入れているわけではなく、実際にはそれらから作られた料理を食べています。したがって、料理という視点から食の歴史を考えることも必要となってきます。そこで次に料理の歴史を検討していきたいと思います。第6章では、西洋の料理を代表するものとしてフランス料理の歴史を紹介します。

　食や料理にはその時代の社会や文化が反映されています。フランス料理の成立やその発展にも、ヨーロッパの社会や文化の歴史が大きく影響しています。したがってフランス料理の歴史を学ぶことは、それを通じてヨーロッパの歴史を学ぶことにもつながります。

料理から歴史を考察するという試みは以前から行われています。料理にはその時代の社会や文化が反映しているのでこれは有効な方法だと思います。その際気をつけなければならないのは、ただ料理を時代順に並べていくのではなく、その背景にある歴史の流れを考察することです。レイチェル・ローダンの『料理と帝国』（みすず書房、2016年）は、料理を通じて世界史を解明しようとしたたいへん野心的な力作ですが、「上流食」「下流食」「中流食」というような、やや粗っぽい概念を用いて世界全体の料理の歴史を説明するという「力技」に頼っており、本章でめざそうとする方向とは異なります。また、日本に関する叙述には明らかな誤りも見られ、あまり参考にはなりません〔同書全体の評価については、南直人「〈学界動向〉食の歴史研究の現状と課題──レイチェル・ローダン『料理と帝国──食文化の世界史　紀元前2万年から現代まで』を中心に」『京都橘大学大学院研究論集（文学研究科）』第15号、2017年、pp. 1-11、参照〕。

　本章では、フランス料理を中心に西洋料理の歴史的展開について、ヨーロッパの歴史と関連させつつ考察していきたいと考えています。ただ、一言断っておかねばならないのは、ここでいう西洋料理は、あくまで支配層や社会上層の人々が食する料理に限定されてしまうということです。これは残された記録や史料から考察していくという歴史学の方法からそうせざるを得ないことをご了解ください。

1 「世界の三大料理」としてのフランス料理

　「世界の三大料理」という用語があります。いつ、どこからこうした用語が使われるようになったのかは不明です。「三大云々」という表現は根拠なく使用されることが多く、学術的にはあまり価値のない用語ではありますが、「世界の三大料理」という用語は「それなりの理由」があって使われることもあり、一概に否定できるものでもありません。通常はフランス料理と中国料理、そしてトルコ料理を挙げることが一般的です。フランス料理と中国料理については誰もが納得がいくと思うのですが、なぜトルコ料理かということについては、あまりきちんと説明されることがないように思われます。そもそもトルコ料理

とはどういったものなのか、その特徴を考えてみましょう。

トルコ料理

　トルコ料理が発展したその背景には、1299年から1922年まで存続し、16世紀の最盛期には現在の小アジアをはじめ、バルカン半島の大部分、西アジアから北アフリカにかけての広大な地域を支配したオスマン帝国の存在があります。オスマン帝国では、広大な領土を背景としてさまざまな地域の料理が流入し、その首都イスタンブルの宮廷で豊かな料理文化が形成されました。それがトルコ料理の基礎となっているのです。したがってトルコ料理は、もともと中央アジアの遊牧民族であったトルコ人の料理に加え、ペルシアやアラブなど西アジアの料理、地中海地域の料理、現在のトルコ共和国の領域にあたるアナトリア（小アジア）の料理、そしてかつて支配していたバルカン半島の料理などを構成要素とした、非常にバラエティに富んだ料理といえます。

　こうした歴史的な背景のもとに成立したトルコ料理が、フランス料理や中国料理と肩を並べて「世界の三大料理」と称されることについては、おそらく異存はないものと思われます。しかしここで考えたいのは、どのような条件があればこうした世界的な名声を得られるような料理文化が発達したのかということです。まず、広大な領土を持つ帝国が成立し、それが支配するさまざまな土地から多種多様な食材が帝国の首都に届くということが必要となるでしょう。次に、その帝国の宮廷で職業的料理人が活躍し、彼らの努力によって料理術が高度化していくことも料理文化の発達のための必要条件として考えられます。さらにこうした宮廷においては、豪華絢爛たる高級料理が提供され君主の威厳を示すとともに、外交儀礼の場においても、友好国や服属国の使節に対して豊かさと帝国の繁栄を誇示するということも頻繁に行われていたことでしょう。そうしたプロセスを経て世界に冠たるといえるような料理が成立したわけです。最初にも述べた「それなりの理由」というのはこうしたことを意味しています。

　トルコ料理は、アジア・アフリカ・ヨーロッパの３大陸を支配したオスマン

帝国の首都イスタンブルの宮廷で発展した宮廷料理ですからこの条件に当てはまりますし、中国料理は、東アジア世界に君臨する中華帝国の首都の宮廷で発展してきた料理を頂点とする料理体系なので、やはり条件に当てはまります。清の時代に成立した満漢全席などはまさにその代表といえるでしょう。ではヨーロッパ世界で成立したフランス料理はどうなのでしょう。

フランス料理

　フランス料理は、通例として「世界の三大料理」の筆頭に置かれます。もちろんこれは欧米中心の価値観に従ってのことですから、フランス料理が一番だということではありません。しかし国際社会において、あるいは外交の場においてフランス料理が重要な役割を果たしていることは間違いないでしょう。たとえば19世紀初頭ナポレオン戦争終了後のヨーロッパの国際関係を取り決めたウィーン会議において、フランス料理が非常に大きな役割を演じたことが知られていますし、現在でも外交の舞台ではグローバル・スタンダードとしてのフランス料理が提供されることがまだまだ多いと考えられます（西川恵『エリゼ宮の食卓――その饗宴と美食外交』新潮社、1996年、参照）。

　実は日本でも同様です。国賓を招いて天皇が招待する宮中晩餐会は、日本で最も格式ある宴会といえますが、ここで出されるのは通常フランス料理です。近年は少しずつ和食の要素も取り入れる動きがあるようですが、たとえば、2019年5月にアメリカ大統領を招いて催された晩餐会では、オーセンティックなフランス料理が提供され、メインディッシュはヒラメのムニエルと牛肉ステーキでした。

　当然ながら、なぜ日本料理ではないのかという疑問がわいてきます。その理由の一つと考えられるのは、もともと日本料理は大勢の人に一度に提供する宴会料理に向いていないということです。これには、昔の結婚披露宴などでは日本料理が出されていたではないかという反論があるかもしれません。もちろん和風の宴会料理はあります。ただ日本料理の最高峰とされる懐石料理（第7章参照）は、本来狭い茶室で茶事とともに提供される少人数のおもてなし料理で

した。それが江戸時代に茶の要素を抜き酒宴の要素を入れて、今日の日本料理のスタンダードである会席料理が成立したという歴史があります（原田信男『和食の歴史』思文閣出版、2016年、p. 55）。また、日本料理で客をもてなす場合、さまざまな種類の食器が必要となりますが、多数の客向けに同じ器をそろえることは非常に困難です。こうしたことから宮中晩餐会で日本料理を提供するのが難しいわけです。

しかしもう一つ、歴史的な理由があります。それは、宮中晩餐会でフランス料理を出すことは明治期以来の慣例であるということです。日本が西洋文明を取り入れた明治初期、いわゆる「文明開化」の時代において、すでに西洋料理の中でのフランス料理のヘゲモニーが確立しており、フランス料理がグローバル・スタンダードとなっていたのです。したがって明治政府が西洋風の宴会儀礼を取り入れようとしたときに、フランス料理を採用することは当然のことであったわけです。そして外交の場におけるこうしたフランス料理の優位は、いささかの揺らぎはあるものの、基本的には21世紀の今日まで維持されているといえるでしょう。

では、このフランス料理の世界的なヘゲモニーはどのようにして確立されたのかということになります。ここで先ほどの世界帝国の料理という問題に戻ります。中国料理やトルコ料理が世界帝国の料理であると先ほど紹介しましたが、フランス料理はどうでしょうか。

この問題は世界史、とくにヨーロッパ史の展開と密接に関係してきます。フランスはヨーロッパ全体を支配する巨大な帝国であったことはありません。ナポレオンの時代に、ヨーロッパの大部分を直接的・間接的に支配下に置いたことはありますが、わずか数年でこの帝国は崩壊しました。むしろ16世紀以降のヨーロッパの歴史は、主権国家同士の熾烈なライバル競争の歴史であったといえます。最初はスペイン、17世紀にはオランダ、18世紀にはフランスとイギリスが覇を競い、勝利したイギリスが19世紀に全盛を迎えました。その他ドイツやロシアもこうした覇権争いに加わっています。したがって、フランス料理は世界帝国の料理ではありません。

中国料理やトルコ料理は強大な世界帝国を背景として「世界の三大料理」と

なりましたが、フランス料理の場合は少し事情が異なります。フランス料理はむしろヨーロッパ世界を代表する料理と考えられます。前章で述べたような、地中海的・キリスト教的食文化とゲルマン的食文化が融合し、さらにイタリア・ルネサンスを経て近代へとつながっていくヨーロッパ的食文化の料理体系としての結晶がフランス料理であると位置づけることが可能です。そしてヨーロッパ列強諸国が19世紀に世界を支配するようになると、その食文化を代表するフランス料理が世界中に拡がり、料理におけるグローバル・スタンダードとなったわけです。

　ではそのフランス料理はどのようにして成立したのでしょうか。なぜフランス料理がヨーロッパを代表するようになったのでしょうか。次にこれを考えていきます。

2 フランス料理の成立の歴史

　料理文化の成長を可能にする条件は、豊かな富や食材に恵まれていることです。しかしさらにそれを発展させるには、富や権力が集中し、君主の権威を誇示する舞台装置としての宮廷社会が成立していることが必要です。中世以降のヨーロッパでそうした条件が最初に整ったのはイタリアです。ローマ帝国以来の遺産や地中海貿易のおかげで、イタリアの都市国家に富が集まりルネサンス文化が花開いたのです。ルネサンス期のイタリアは料理文化の点において先進地でした。それはたとえば、プラティナ（人文主義者バルトロメオ・サッキのペンネーム）が1475年に出版した『適度の楽しみと健康について』という表題の食と料理に関する著作や、1570年にバルトロメオ・スカッピが出版した料理書などがヨーロッパで大きな影響力を発揮したことからもうかがい知ることができます（スティーブン・メネル『食卓の歴史』中央公論社、1989年、pp. 116-8）。

　ただしイタリアでは大規模な宮廷は形成されませんでした。その理由は、イタリアが分裂しており強大な統一国家を形成できなかったことにあります。ルネサンス期のイタリアを見ると、北・中部ではミラノやフィレンツェ、ヴェネツィアといったいくつかの都市国家が覇を競い、イタリア半島の中央部には広

大なローマ教皇領、そして南部には両シチリア王国があるというまったく異なった領域に分かれていました。富が集積していたのは北・中部の都市国家ですが、支配領域は限られており、大規模な宮廷が形成されることはありませんでした。またヨーロッパの他の国々、スペイン、イギリス、ドイツなどは、富の集積や料理文化の発達という点では立ち遅れていました。

　結局、豊かな富と食材に恵まれ、かつ大きな宮廷社会が形成されるという条件に最も適った国はフランスでした。この国は16世紀の宗教的分裂を克服した後、17世紀から強力な中央集権国家として国力を高め、君主の下で典型的な宮廷社会が発達していったのです（メネル、前掲書、p. 184）。とくにルイ14世（太陽王、在位1643〜1715年）の時代に国力の絶頂に達し、フランスの宮廷文化が花開くことになります。その象徴が1688年に完成したヴェルサイユ宮殿です。フランスはこのルイ14世の時代に強大な軍事力で領土を拡張していくとともに、「文化資本」を蓄積していき、イタリアに代わってフランスがヨーロッパの「文化的覇権」を握ることとなります。フランス語が国際社会での共通語となり、フランスがヨーロッパ文明の中心となっていったのです。

　料理の分野からみると、先進的なイタリアの料理文化がフランスに伝わり、フランスにおいてさらにそれが発展します。フィレンツェのメディチ家出身のカトリーヌが1533年にフランス国王アンリ4世に嫁いだ際、彼女が連れてきた料理人たちがフランスの料理術に革命を起こしフランス料理が発展したという逸話が、巷ではよく紹介されますが、ジャン＝フランソワ・ルヴェルの『美食の文化史』（筑摩書房、1989年、p. 135）では、文献的に「何の具体的な証拠も痕跡もない」として否定されています。実際には、1505年に前記のプラティナの本がフランス語に翻訳されるなど、イタリアとフランスの間での料理に関する情報の交流が進み、イタリアの先進的な料理術がフランスにもたらされていったと考えるべきでしょう。

　いずれにせよ、フランス料理はこうした時代背景の下、17・18世紀のフランス宮廷社会の宴会料理として発展していきました。こうしたフランス料理の発展は、この時期に出版されていった料理書によってあとづけることができます。フランスでは、すでに14世紀からいくつかの料理書が出現するようになりま

表 1　料理書の流れ

『ル・ヴィアンディエ』（1490 年）	中世の料理の一大集大成
ラ・ヴァレンヌ『フランスの料理人』（1651 年）	本格的なフランス料理確立への第一歩
マシアロ『王室とブルジョワ家庭の料理人』（1691 年）	事典の形で書かれた最初の料理書
ヴァンサン・ラ・シャペル『現代の料理人』（1735 年）	豪華な図版入りの料理書の先駆
ムノン『新料理概論』（1739 年）	「新料理（ヌーベル・キュイジーヌ）」という言葉を流行させる
ムノン『ブルジョワの女料理人』（1746 年）	18 世紀のベストセラー、多くの再版（18 世紀末までに 62 版）

出所：P&M・ハイマン、前掲論文をもとに筆者作成。

したが、なかでも有名なものが、ギョーム・ティレル、通称タイユヴァンという 14 世紀の伝説的な料理人が書いたとされる手稿本をもとに 1490 年に刊行された『ル・ヴィアンディエ』という料理書です（ルヴェル、前掲書、p. 116；メネル、前掲書、p. 86；フィリップ・ハイマン＆メアリー・ハイマン「料理を印刷する——15 世紀から 19 世紀にかけてのフランスの料理書」、フランドラン／モンタナーリ編『食の歴史』第 3 巻、藤原書店、2006 年、p. 858-9）。しかしこうした料理書に示された料理は、まだ中世的な性格を残し、後の洗練されたフランス料理とは異なるものでした。

　本格的なフランス料理の確立への第一歩をしるしたと評価されるのが、1651 年にラ・ヴァレンヌという人物が著した『フランスの料理人』（駿河台出版社、森本英夫訳、2009 年）という料理書です。この本は「中世の食べ物との明らかな断絶と近世フランス料理のはっきりした端緒の両方を初めて示した本」（メネル、前掲書、p. 120）とされ、これ以降 18 世紀にかけて、「新しい料理」を強調する革新的料理書が相次いで出版されていきます。

　ラ・ヴァレンヌ以後のいくつかの料理書を紹介すると、**表1**のようになります（P & M・ハイマン、前掲論文、pp. 871-4）。こうした料理書の刊行は、フラ

ンス料理が洗練されてゆきヨーロッパの料理文化の中で覇権を握っていく過程
を反映しているともいえます。そして18世紀の中葉から18世紀後半にかけて、
ヨーロッパを代表する宮廷料理としての新しいフランス料理が完成したと考え
られます。

新しいフランス料理の特徴

　ではそのフランス料理はどのような点で新しい料理といえるものだったので
しょうか。古い中世の料理とどう違っていたのでしょうか。

　中世の上流層向けの料理というのは、概してヨーロッパ各地域で比較的似
通っており、コショウなどのいわゆる「四大香辛料」（第8章参照）を中心とし
た大量の香辛料の使用によって特徴づけられるものでした。この香辛料の中に
は砂糖も含まれており、ルネサンス期になると砂糖を多く使う料理が増えてき
ます。こうした甘味や香辛料の辛みとが混在したような料理、現在からみると
味覚の整理がなされていない料理が多かったと考えられます。またフランスで
は、酸味のある料理が多かったことも特徴の一つでした（ジャン＝ルイ・フラン
ドラン「14世紀・15世紀・16世紀の調味と料理、栄養学」フランドラン／モンタナー
リ編『食の歴史』第2巻、藤原書店、2006年、p. 660）。さらに、前章でみたよう
に肉を大量に食べることが力の象徴とされており、また食事作法も、手づかみ
で食べたり（当時まだフォークは食卓にありません）、共同のスープ鉢から直接食
べたりといった、かなり粗野な食事風景であったようです（南直人『ヨーロッパ
の舌はどう変わったか』講談社、1998年、第4章参照）。

　これに対し、新しく17世紀以降成立していったフランス料理はどのような
ものでしょうか。まず香辛料の種類や量が減少したことが挙げられます。代わ
りに肉などのうま味を引き出したブイヨンやフォンからさまざまなソースを作
りだし、それを中心として素材の味を生かすような料理が重視されるようにな
りました。またこのソースを作る際にバターが多く利用されるようになります。
酸味のある料理は少なくなる一方で、甘味についても変化が見られます。砂糖
の使用は中世末期から増加はしましたが、しだいに甘味と塩味を混合すること

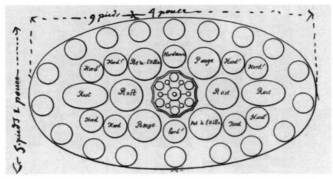

図3　フランス式サービスの食卓セッティング例
（パリ装飾芸術図書館所蔵「マルリにおける食事の供し方（1699年）」）
出所：ルヴェル『美食の文化史』p. 169.

が少なくなり、甘い料理がコースの中から独立していくようになりました。そして甘味はデザートとして宴会のコースの最後に集約されることになります〔こうした料理の変化については、ジャン゠ルイ・フランドラン「食品の選択と料理技法——16-18世紀」、フランドラン／モンタナーリ『食の歴史』第3巻、第36章、pp. 875-905、参照〕。

　コースという言葉が出ましたが、こうした古典的フランス料理のイメージを理解するためには、それらの料理の提供の仕方、すなわちフランス式給仕法（service à la française）についても説明しておく必要があります。これは、いくつかのコースから構成される宴会料理の形式です。数日続くきわめて大がかりなものもありますが、通常は3つのコースで構成されます。コースごとに一度に多数の料理が出され、料理を載せた大きな器や装飾が、古典的な美の感覚に従って整然とシンメトリーに盛り付けられます。一つのコースが終了すると皿は全て片付けられ、新たにまた多くの皿が運ばれて次のコースが始まります。非常に華やかなものではありますが、料理は一度に出されるので当然冷たくなってしまいます。また、客は身分に応じて大きなテーブルに着席し、料理はお付きの給仕が各自の前の小皿に取り分けることになります。メインの料理はテーブルの中央に置かれるので、中央に座る高い身分の客と端に座る客との間の差別待遇が必然的に生じるわけですが、これは当時の身分制社会を反映し

たものと言えるでしょう（バーバラ・ウィートン『味覚の歴史』大修館書店、1991年、pp. 217-20；ジャン＝ピエール・プーラン／エドモン・ネランク『プロのためのフランス料理の歴史』山内秀文訳、学習研究社、2005年、pp. 54-8）。

3 近代以降のフランス料理の発展

　このように18世紀後半に古典的なフランス料理は完成されたといえます。しかしその後フランス革命という歴史的大事件が勃発し、フランス料理だけでなく、ヨーロッパの食文化全体に大きな変化が引き起こされることになりました。フランス革命を経た後のフランス料理の展開について次に述べます。

19世紀の新たな変化

　フランス革命は自由・平等・友愛を掲げ、王政や特権的身分を廃止して議会制民主主義や経済的自由を実現するなど、政治的・社会的に大きな変化をもたらしました。革命の激動自体は数年で収まり、その後ナポレオン帝政、王政復古と時代は変化しますが、社会全体の傾向として、貴族の勢力が縮小する一方で市民の力が増大し、19世紀が進むにつれて市民層（ブルジョワジー）が社会の主人公になっていきます。

　19世紀には食の世界も大きく変化します。フランス革命による政治の変化だけでなく、産業革命や都市の拡大といった社会全体の変化が食の世界に大きな影響を及ぼすことになるからです（詳しくは第10章、第11章参照）。たとえば、レストランという外食の場が拡大することによって、身分にかかわらず誰でもお金を出せば豪華な食事を楽しむことができるようになります。美食が貴族・特権階級の独占物ではなくなり、市民にも広く開かれるようになるわけです。それと関連して、食に関する新しい考え方が出現します。たとえば、美食を評価したり価値づけを行う美食評論という試みが、グリモ・ド・ラ・レニエール（1758-1837）によって始められました。これは今日のミシュランガイドの先駆的形態といえるでしょう。また、食について哲学的な考察を行い、美食の学

間的意味を問う営みが、『味覚の生理学』（日本では『美味礼讃』と訳されています）という著書で有名なブリア＝サヴァラン（1755-1826）によって始められます。その背後には、美食が特権階級の独占物ではなくなり市民社会に開放されたことにより、美食に対する何らかの価値基準が求められるようになったことがあると考えられます（メネル、前掲書、pp. 421-3）。

　いずれにせよ、食にかかわる広範な変化が19世紀のフランスをはじめヨーロッパ社会で出現したわけですが、この話は第Ⅲ部で詳しく取り上げることとして、ここではフランス料理に関連する問題に限定します。19世紀に入り、フランス料理そのものも社会の変化に合わせて進化していきました。古典的フランス料理から近代的フランス料理への転換ということができます。

　まず、これは前述の外食の場としてのレストランの拡大とも関連することですが、美食術の担い手としての職業的料理人の地位の向上や独立化を挙げることができます。かつてはタイユヴァンなどの例外を除いて、料理人の名前が表に出ることはあまりありませんでした。なぜなら料理人は、王侯貴族の館で働く従属的な奉公人に過ぎず、自立した存在とはみなされていなかったからです。しかし、フランス革命を経て19世紀になると、社会的名声を誇る料理人が次々と現れてきます。そしてそうした料理人たちによって新しくフランス料理が刷新されていくことになり、卓越した料理人は優れた芸術家のような存在になっていきます。

卓抜した料理人の出現

アントナン・カレーム

　そうした料理人の嚆矢となるのがアントナン・カレーム（1784-1833）です。彼は捨て子という不幸な境遇で育ちましたが、フランスの辣腕政治家タレーランの料理人から始まり、ロシア皇帝アレクサンドル1世や巨大金融業者のロスチャイルド家など多くの有力者の下で料理人のキャリアを重ね、大料理人になったという立志伝中の人物です。一般的には彼の料理の特徴として、「盛りつけの美しさ、料理のヴァリエーションと軽さの追求」が挙げられています（日

仏料理協会編『フランス食の事典』白水社、2000 年、p. 146）。また社会学者のメネルは、一方で複雑で高価な料理を追求すると同時に料理術の簡素化に取り組んだとし、「フランスの専門料理の最初のパラダイムを実現した」と評価しています（S. メネル、前掲書、pp. 239-44）。

　カレームはまたまたパティスリーの分野においても、建築のデザインを菓子芸術に導入して「ピエス・モンテ」という芸術的な菓子を創造するなど大きな功績を残しました。しかし、彼は結局有力者の料理人という立場を脱することはありませんでしたので、そうした意味ではまだ古い身分制社会に生きた料理人であったともいえるでしょう。

オーギュスト・エスコフィエ

　これに対して、真の意味で近代的なフランス料理を確立したのがオーギュスト・エスコフィエ（1846-1935）です。彼は、「料理の簡素化と合理化を行い、価格設定のあるコース料理を導入……料理人の質と地位向上をめざして数々の改革を行った」（『フランス食の事典』p. 76）とされます。レストランの正式なディナーで一般的なスタイル、「オードヴルあるいはスープから始まって、魚、通例は野菜を添えた肉、甘み……デザート……にいたる一続きのコース」（メネル、前掲書、p. 262）を確立するのにエスコフィエは指導的な役割を果たしました。彼の大きな功績は、近代社会の実態に合った調理作業やサービスの合理化・スピード化を実現させたことにあります。なかでも重要なものが厨房の組織改革で、これは厨房を 5 つの部門に分割し〔ガルドマンジェ（冷製料理と厨房全体の仕入れ）／アントルメティエ（スープ、野菜、デザート）／ロティスール（ロースト、グリル、揚げ物）／ソーシエ（ソースづくり）／パティシエ（厨房全体のための菓子づくり）〕、調理作業を再編成しチームワーク化を導入しました。「エスコフィエによる厨房の経済性の再編成の結果、伝統的な職人間の作業の縄張りが崩れ、作業のより合理的な専門化が進み、厨房のスタッフ間に、より緊密な相互依存性を作り上げた」（同上、pp. 260-1）とされています。

　さらにエスコフィエは、外国旅行客のための国際的な高級ホテルの建設に乗り出したセザール・リッツと組んで、ホテルレストランの発展にも寄与しまし

た。彼は「セザール・リッツと協力して、まずリヴィエラ、それからロンドン
で新しいホテルの設立に携わった。1890 年に、ストランドの新サヴォイホテル
の厨房を引き受け、1898 年にはカールトンに移って、1921 年引退するまでカー
ルトンにいた」（同上、p. 260）。これによって観光とレストランが結びつくよう
になります。またこうしてヨーロッパ各地で設立された高級ホテルのレストラ
ンによって、フランス料理の国際的な地位がますます高められることにもなり
ました。

ロシア式給仕法の普及

　こうして 19 世紀にレストランでの食事が一般化すると、料理の提供方法に
も大きな変化が生じます。それが「ロシア式」の給仕法です。先に説明したよ
うに、従来のフランス式給仕法は、一度にすべての料理を提供しそれが何度も
繰り返されるというスタイルでした。これは長時間（時には数日間）も続くよう
な宴会に適した方法であるといえます。一度にすべての料理を並べるので、確
かに豪華に見えますが料理自体は冷めてしまうし、大勢の給仕人が必要となり、
座席による不平等も生じます。要するにこれは身分制社会にふさわしい給仕法
であったといえます。しかし、レストランでの食事が一般化し、合理性やスピー
ドが必要とされる近代社会にはふさわしいものではありません。

　これに対しロシア式給仕法は、一度にすべての料理を出すのではなく順番に
料理を提供するというスタイルであり、しかも料理は通常厨房で切り分けられ、
一人に一皿ずつ料理を出すことになります。食卓の上はやや寂しくはなります
が料理の温かさが維持でき、フランス式給仕法のような会食者間の不平等は解
消されます。要するにこれは、身分制を否定した市民社会にふさわしいもので
あると同時に、合理的でスピーディなサービスであり、時間が限られたレスト
ランでの食事に適した方法といえるのです。こうしてロシア式の給仕法が一般
化することとなり、それは現在でも変わらず維持されています（メネル、前掲書、
p. 247；プーラン／ネランク、前掲書、pp. 146-55）。

4 20世紀以降のフランス料理

　このようにフランス料理は、ヨーロッパにおける近代社会の形成に合わせて
自己変革をとげていきました。古典的フランス料理から近代的フランス料理へ
と転換したわけです。それによって、フランス料理は19世紀ヨーロッパの料
理の世界においても、18世紀と同様のヘゲモニーを維持することができました。
本章の第1節で述べたように、日本が近代国家として歩みだしたその時点にお
いて、このフランス料理が目指すべき理想の西洋料理であったのは当然のこと
でした。しかし、20世紀に入るとヨーロッパ世界全体が激動に見舞われること
となり、フランス料理もまた変革を余儀なくされることとなります。

　とくに深刻な変化をもたらしたのは第一次世界大戦です。戦争は勝敗にかか
わりなく参戦国を荒廃させ、ヨーロッパ世界全体の地盤沈下を招きました。と
くに高級料理を支えてきた上流階級が没落していったことが打撃となり、フラ
ンス料理の「衰退」が語られるようになります。しかし他方で20世紀に入る
と新しい方向性も登場します。

　その一つが美食と観光との結びつきです。自動車がしだいに普及するように
なると、都市の裕福な人々が自動車に乗って郊外や地方へ出かけ、その地のあ
まり知られていない料理を探訪するという一種のレジャーが出現します。今日
のガストロツーリズムの先駆けともいえるようなこの動きを主導したのがキュ
ルノンスキー（1872-1956）という人物です。

　また、タイヤ会社のミシュランによって創刊された『ミシュラン・ガイド』は、
こうした新しいニーズにこたえ、各地のホテルとレストランの料理の質やサー
ビスを評価して格付けを行うようになり、今日のような世界的に有名なグルメ
ガイドに成長していきました。こうしてフランス各地の郷土料理が「発見」さ
れ、フランス料理の裾野が地方へも拡大するようになります。たとえば、ブル
ゴーニュ地方のアレクサンドル・デュメーヌのレストラン「ラ・コート・ドール」
やリヨン近郊にあるフェルナン・ポワンのレストラン「ラ・ピラミッド」はこ
うした地方にある美食の殿堂として名をはせました（プーラン／ネランク、前掲
書、pp. 269-73）。こうした動きによって、「衰退」の危機にあったフランス料理

界に新たな息吹が吹き込まれることとなりました。

　こうした料理の新しい展開は、地方料理を取り込んでフランスの「国民料理」が形成されていくプロセスであると位置づけることも可能です。20世紀初めの郷土料理は今と異なり洗練されず、パリの市民にとって「フランスの田舎はまるで外国であった」とも言われていました。しかし『ミシュラン・ガイド』などがこうした料理の「再発見」に努め、「シェフたちが田舎料理を進化させた」ことによって、「1920年代の終わり、人気の観光地にそれぞれ名物料理が」できていきます。ラングドックのカスレーやアルザスのシュークルートなどがそうした事例として挙げられます。つまり従来の高級フランス料理と各地方の郷土料理を統合させることによって、フランスの国民的アイデンティティを表現するような料理体系が作られていったわけです（レイチェル・ローダン『料理の帝国』pp. 373-4；ジュリア・セルゴー「地方料理の台頭——フランス」、フランドラン／モンタナーリ編『食の歴史』第3巻、第45章、pp. 1078-98）。

　そして、1937年にパリで開催された万国博覧会では、アメリカ流の産業化・画一化ではなく、高品質食品を小規模生産し、地方色を奨励し、伝統や手作りを尊重するといった「食モデル」が作られました。これはフランスのブランディング戦略として今日まで有効な手段となっています〔なお、「国民料理」の形成は国によってさまざま異なったプロセスがあります。これに関しては、フランス、アメリカ、インド、中国、日本などの事例を取り上げている西澤治彦編『「国民料理」の形成』ドメス出版、2019年、を参照してください〕。

ヌーベル・キュイジーヌ

　20世紀後半に入ると、フランス料理の世界ではさらに新しい改革が行われるようになります。西側の先進諸国では、戦後の経済成長によって食生活水準が全般的に向上し飽食の時代を迎えますが、そうした時代背景の下にそれまで主流であったボリュームのある重い料理が後退していきます。その代わりに、1960-70年代頃からヌーベル・キュイジーヌというスタイルの料理が人気を得ていくようになりました。これは、料理評論家のアンリ・ゴーとクリスティ

アン・ミヨーによると、料理の軽さ、食材の新鮮さ、調理の簡素さ、新技術の導入、健康と地域性の重視などといった特徴を備えた新しい料理であるとされます（メネル、前掲書、pp. 268-9）。また先ほどの事典では、「（新鮮な）素材を活かし、ソースも小麦粉でつながず仕上げ、一品あたりの量を減じるとともに、盛り付けにも工夫をこらし……熱いものを熱く、冷たいものを冷たく食べることを最優先し……20世紀後半にフランス料理の栄光を再び取り戻した」（『フランス食の事典』p. 718）とも記述されています。

　こうしたヌーベル・キュイジーヌを代表する料理人としては、ポール・ボキューズ（1926-2018）をはじめ、アラン・シャペル（1937-90）、ジャン・トロワグロ（1926-83）とピエール・トロワグロ（1928-2020）の兄弟、ミシェル・ゲラール（1933-）などが挙げられます。また20世紀末ごろから、戦後生まれのシェフたちが活躍するようになります。その代表的存在がジョエル・ロビュション（1945-2018）、ミシェル・ブラス（1946-）、ベルナール・ロワゾー（1951-2003）、アラン・デュカス（1956-）です。

　こうしたスターシェフが輩出されるようになったおかげで、料理人の社会的地位は大きく向上したように思われます。先にも述べたように、フランス革命前は料理人の地位は低く上流家庭の奉公人に過ぎませんでした。19世紀市民社会が成立しても、料理人の社会的地位は必ずしも高くはなりませんでした。しかし、エスコフィエのような名声を得た料理人は高級レストランのオーナーとなり、一流の企業家として認められるようになります。さらにヌーベル・キュイジーヌの時代になると、成功したシェフは一流の芸術家としても認められ、社会的地位がさらに上昇したといえます。

　ただし、こうした一握りの成功者以外の一般の料理人は必ずしも恵まれているわけではありません。一般的に低賃金で、労働条件は過酷です。そして成功した料理人も、レストランオーナーとして激烈な競争にさらされますし、とくに現代のスターシェフたちは、ミシュラン・ガイドの評価によって（とりわけ星なしから一つ星、二つ星、三つ星というランクによって）成功が左右されるようになっています。星一つの差がレストランの経営を大きく左右するからです。ここで思い出されるのが、2003年2月24日ヌーベル・キュイジーヌの旗手と

目されていたベルナール・ロワゾーが自殺したという悲劇的事件です。三つ星
からの降格可能性を悲観したとされますが真相は謎です。

21 世紀の新潮流

　さて、21 世紀のフランス料理、さらには西洋全体の料理はどうなっていくの
でしょうか。現在のところ 2 つの新しい潮流が注目されています。分子ガスト
ロノミーと新北欧料理です。本章の最後にこれについて簡単に説明しておきま
す〔山内秀文「フランス料理の現在（2005-2026）——祓文に代えて」、プーラン／ネ
ランク『フランス料理の歴史』角川ソフィア文庫、2017 年、（『プロのためのフランス
料理の歴史』を加筆修正し文庫版にしたもの）pp. 398-421、参照〕。
　分子ガストロノミー（Molecular Cooking）とは、現代の最先端の調理技術を
駆使した料理のスタイルで、いわば化学実験のような料理であるともいわれま
す。ハンガリー出身の物理学者ニコラス・クルティ（1908-98）やフランス人物
理化学者エルヴェ・ティス（1955-）が 1980 年代ごろに提唱した料理技法です。
彼らはフランス料理の種々の調理技術を科学的に解明しようと試み、プロの料
理人と協力して新たな料理を創造しました。とくに有名なシェフはスペイン・
カタロニア地方にあるレストラン「エル・ブリ」（「エル・ブジ」とも発音されます、
現在は閉店）のフェラン・アドリア（1962-）で、もはやフランス料理の範疇を越え、
科学と料理術を結合したものとして各国でもてはやされました。液体窒素やエ
スプーマ（泡）などといった最新のテクノロジーを駆使し、また味覚だけでは
なく嗅覚や聴覚を動員するような料理のプレゼンテーションなども採用してお
り、客に驚きを与えるという点では非常に斬新な料理であるともいえます。た
だしこれに対しては反発も強く、「科学者もどきの真似」、「たちの悪い人形芝居」
といった手厳しい非難の言葉も寄せられています〔プーラン／ネランク、前掲書
（文庫版）、p. 330〕。
　もう一つの新しい波が新北欧料理（New Nordic Kitchen or Cuisine）です。こ
れは環境や持続可能性を重視する料理で、コペンハーゲンのレストラン「ノー
マ」のレネ・レゼピ（1977-）がその代表的な料理人です。注目されるのは料理

文化が「後進的」とされてきた北ヨーロッパで創造された料理であるということですが、食材に恵まれないという不利な条件を逆手にとって、地元の食材を前面に出し北欧の自然を繊細に皿の上に表現した「環境に優しい自然な料理」を演出しています。「地産地消」や「持続可能性」を重視するというその姿勢は、イタリアから始まった「スローフード」運動とも理念的に共通するものであるといえます。

　どちらの料理も、未来の「2050年の食卓」を考える上で大きな意味があると思われます。ただ、分子ガストロノミーはあまりにも実験的手法に偏りすぎており、新奇な面白さはあるものの、広く受け入れられる料理であるかどうかは疑問です。それに対し、新北欧料理は環境に優しく、昆虫食を取り入れるなど、「持続可能な開発目標（SDGs）」にも沿ったもので、未来志向的といえます。ただ、おいしいかどうかというとやや微妙な気もします。いずれにせよ未来の料理がどうなるのか、未来を担う若い人たちに真剣に考えてほしいと思います。

第 **7** 章

日本料理の歴史

この章で学ぶこと

　ある土地の食文化を形成するのは、自然環境・地理的要因と歴史的・文化的要因の２つがあります。日本の食文化を考える際にも両方の視点が必要です。第４章では前者を紹介しましたが、この章では後者を取り上げます。

　米と魚と発酵食品を基盤としつつ肉を排除することとなった、その意味では東アジア世界では特異な性格の日本の食文化がどのように形成されていったのかを考えてみます。最初に米と肉という日本の食文化における対照的な食べものについて考察し、その次に日本における料理の歴史的変遷をたどっていきたいと思います。

第Ⅰ部の第4章で日本の食文化についておおまかに紹介しました。日本の食文化を支えてきた食材としては、糖質とタンパク質を供給する米、魚、大豆が最も基礎的なものであり、さらに野菜・山菜、そしてさまざまな発酵食品などが日本の食文化を形成する重要な役割を果たしていることが示されました。これは東アジアの食文化とおおまかには共通しますが、日本の場合は豚肉の欠如が特徴となります。

　この章では料理の歴史を紹介する前に、こうした日本の食文化がどのように形成されてきたのかを考察してみます。第4章では自然環境や気候風土から説明しましたが、それだけでは実は不十分で、歴史や文化、宗教といった要素が食文化の形成に大きく影響します。したがって食文化が形成されてきた歴史的プロセスを探らなければなりません。ただ日本の食文化を構成するすべての要素を歴史的に考察することはとうてい不可能なので、ここでは日本の食文化の最も重要な特徴である米、および肉の忌避の問題に絞って考えていきます。

1 米と肉からみた日本の食文化の歴史

稲 作

　まず、日本の食文化の基層をなす米から検討していきます。稲は縄文時代後期には大陸から伝来していましたが、最初に伝来したのは焼畑の技術などとセットになった陸稲の栽培であったと考えられます。そして、水の高度な管理技術を必要とする水田稲作農業も、縄文時代晩期には朝鮮半島を経由して北部九州に伝来していました（原田信男『和食と日本文化』小学館、2005年、p. 23-5）。

　その後、弥生時代には水田稲作農業が本格的に展開し、弥生中期には本州北部の青森県まで到達しました（同上、p. 27）。この水田稲作農業によって安定的な食料生産が実現します。食料の余剰が生じ社会的分業が展開するようになり、その結果貧富の差が生まれ階級社会が成立していきます。そして小規模なクニ同士で食料を奪い合う戦乱が頻発していきました。中国の歴史書である『後漢書東夷伝』に記された「倭国大乱」というのがちょうどそれに当たります（原

田信男『日本人はなにを食べてきたか』角川文庫、2010 年、p. 47-50）。こうした戦乱を経て、古墳時代になるとヤマト政権が成立し、その内部の権力闘争の末にしだいに古代国家が成立していくことになります。

　ところで、水田の維持のためには、畔を作って水を管理するという高度な技術が必要です。田植えの時期には田に水を引き入れて一杯にし、稲刈りの時期には水を排水して田を乾燥させるということが行われます。したがって畔をしっかり築くということが水田稲作農業の前提であり、ここに大豆などを植えるのも、食料獲得のためであると同時に畔の土をしっかり固めるという意味もあったのです。ちなみに、この畔を破壊する「畔放ち」などの行為は、日本神話ではスサノオが働いた乱暴な振る舞いとして描かれ（『古事記』岩波文庫、1963 年、p. 35）、祝詞でも「天つ罪」とされていますが、これらはまさに水田稲作農業を妨害する許されざる行為とみなされたわけです。

　天皇を中心とする古代国家は、このように水田稲作農業を基盤として成立し、水田開発を押し進めていきます。そして班田法により、水田で生産される米を租として国家が徴収し国家財政の基礎に据えました。日本の古代国家は中国をモデルにした律令国家をめざしますが、中国とは異なり畑地は課税対象とはしませんでした。この税制の点でも日本ではいかに米が重視されたかがわかります（原田『日本人はなにを食べてきたか』p. 67）。そして、米を中心とする社会の形成をめざして、神聖なる米を国家イデオロギーの中心にすえることとなります。後述しますが、その過程でしだいに肉が排除されていきます。天皇は稲作を象徴する最高神（天照大神）の系譜の上に位置づけられ、その最も重要な役割は稲作祭祀を司る最高の司祭者たることでした。今日でも大嘗祭、新嘗祭にその名残がみられます（原田『和食と日本文化』p. 38-40）。

　その後古代国家は解体に向かい、しだいに武士の力が拡大して、中世社会が成立していきます。この中世においても、大規模な水田開発や集約的な生産への努力が継続され水田稲作農業は発展していきます（原田『日本人はなにを食べてきたか』p. 84）。それと同時に、米に高い価値を置く考えが一般庶民の間にも広がっていきました。戦国の世を経て、江戸幕府が全国統一的な権力を握ることとなり安定した近世社会が成立しますが、この近世において米中心の政治、

経済、社会のシステムが完成します。すなわち、畑地も含めて農地全体を江戸幕府が把握し、作物の種類にかかわらずすべての農地を米の生産力に換算して年貢を取り立てるというシステムができあがるわけです。その下で、各藩の国力、武士の俸給などすべてが米で量られるという石高制が成立しました（同上、pp. 152-5）。

　こうして長い間かかって、米を基盤とする日本の食文化が形成されてきたわけですが、注意しなければならないのは、歴史的にみると、米を満足に食べることができたのは支配層のみであったということです。民衆レベルでは米を十分には食べられず、憧れの対象に過ぎなかったといえます。貧しい農民たちの日常食としては雑穀（ヒエ、ソバ等）やイモ類の方が重要であり、また米を食べることができた場合でも、米を節約するため大根やイモなどで増量したご飯（かて飯）を食べていたのです（菊池勇夫「粟と稗──日常の食と救荒食」、小川直之編『日本の食文化3　麦・雑穀と芋』吉川弘文館、2019年、pp. 48-79、参照）。

　時代が近代に移り、明治時代以降になっても、人口増もあり米の安定的供給は実現しませんでした。1890年頃からは米輸入が拡大し、1900年代には全消費量の1割近くに達します。台湾や朝鮮半島を植民地にすると、この植民地産の米が日本国内に入ってくるようになります（原田『日本人はなにを食べてきたか』、pp. 217-20）。日中戦争から太平洋戦争期の戦時体制下では、米は食料管理制度の下におかれ、敗戦後も食料不足の時代がしばらく続きました（同上、pp. 227-31）。

　戦後10年以上が経過し、ようやく米の生産量が増加していきます。1959年に米は過去最高の生産水準に達し（1250万トン）、以後その水準を維持することとなります。ここにきて初めて、ようやく庶民レベルまで米を腹いっぱい食べることが可能となったわけです。しかし皮肉なことに、高度経済成長期以降の食生活の洋風化などの影響で、米の消費量は減少に転じます。日本人の食生活における米離れが始まりました。**図1**に示すように、米の消費量は1960年頃をピークとして減少し続けています。米は余剰となり1970年から減反政策が開始されることとなります（同上、pp. 235-6）。米を基盤とする日本の食文化が大きな曲がり角にきたわけです。

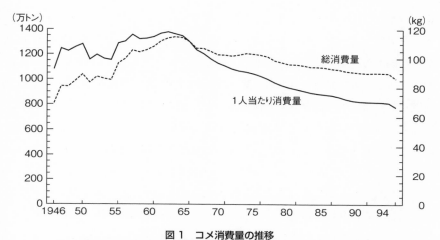

図 1　コメ消費量の推移

出所：岸康彦『食と農の戦後史』日本経済新聞出版社、1996 年、p. 81 より再作成。

肉食の忌避

　米について歴史を辿ってきましたが、次に日本の食文化の歴史で対照的な位置にある肉の問題を検討します。冒頭で述べたように、肉食の忌避は東アジアの食文化の中での日本の特異性を示すものです。その理由としては普通は仏教の教えだからと説明されますが、仏教は東アジア全体に広がったわけですから、日本だけが肉食を避けるようになったことは説明できません。なぜ肉食忌避が浸透したのかについてはもっと複雑な要因が働いているのです。この問題に関してはとくに、原田信男『歴史の中の米と肉——食物と天皇・差別』（平凡社、1993 年）が真正面から考察しているのでぜひ参照してみてください。

　肉食禁忌の観念の起源は、稲作に伴うタブー、すなわち肉食が稲の生育を阻害するという原始的な信仰にあったと思われます（原田『歴史の中の米と肉』pp. 71-4；同『和食と日本文化』p. 42；同『日本人はなにを食べてきたか』p. 71）。そして米が古代国家の象徴となり神聖化されていく一方で、肉食はしだいに禁忌となっていきます。古代国家による肉食禁止の最も有名な法令とされるのが、675 年に天武天皇が布告したという「肉食禁止令」です。これによって肉食禁

止が始まったと一般的には考えられています。確かに、狩猟・漁撈や牛馬など
の肉を食べることを禁止すると書かれています。しかしこの法令の内容を厳密
に見ていくと、禁止期間が4月から9月まで、つまり稲の生育期間に限定され
ていること、また禁止された肉は牛・馬の他は犬、猿、鶏と5種類のみであり、
当時最も食されていた鹿と猪が除外されていることがわかります。従ってこれ
は「肉食禁止令」ではなく「殺生禁断令」と解釈すべきで、しかも仏教的な倫
理観から肉食を禁じたものではないといえます（原田『歴史の中の米と肉』、pp.
70-6；同『和食と日本文化』pp. 41-3；『日本人はなにを食べてきたか』pp. 70-4）。

　しかしもちろん仏教の殺生戒の影響も大きいといえます。米を食料の中核に
おいた日本の古代国家は同時に仏教を基礎とした国家体制づくりをめざし、仏
教が国家イデオロギーとなったからです。ところで東アジアで広まった大乗仏
教は、東南アジアの上座部仏教に比べ肉食への禁忌がより強く主張されます。
その基礎になるのが『涅槃経』や『梵網経』などの大乗経典です（ただし『梵
網経』は中国で成立した偽経とされます）。古代国家はこうした仏教の権威を借り
つつ、稲作の障害となると考えられた肉食を排除しようとしたわけです（原田
信男「日本──道元と親鸞」南直人編『食と宗教』ドメス出版、2014年、第3部第3章、
p. 179）。

　こうした禁令はその後何度も出されます。禁止期間はしだいに延長され、禁
止される対象についても鹿と猪の肉にも広げられて、肉食の忌避は強化されて
いきました（原田『歴史における米と肉』p. 80）。しかしそれにもかかわらず、決
して肉食が短期に衰退したわけではありません。全面的に肉食を禁じる法令は
なく、古代においてはまだ肉食は広範に容認されていました。たとえば8世紀
に編纂された『養老律令』では、使役した牛馬が死んだ場合にその肉を販売す
ることが定められていますし、僧侶であっても病の場合は薬として肉を食べる
ことが一定程度は認められていました（同上、pp. 91-2）。

. . . .

ケガレ

　時代が古代から中世に移行していっても、肉食はまだ広く行われていました。

支配層はともかく、庶民は米や穀物だけでは食べていけず、狩猟・漁労により食料を確保しなければ生存できなかったからです。中世において肉食がかなり広範に行われていたことを示すさまざまな史料が存在します。しかし他方で、仏教思想の浸透の下で肉食を忌避する観念が徐々に拡大していきます。

　とくにそのことが示されるのが、肉食による「ケガレ」という観念の浸透です。肉食を行った人間は一定期間の物忌をしなければなりませんでした。たとえば『延喜式』（927年成立）という法典では牛馬など六畜の肉を食べると3日間の物忌とされていました（原田『日本人はなにを食べてきたか』p. 103）。またケガレが伝染するという触穢の観念も中世になると広範に浸透し、ケガレを受けた人と同じ火を使って料理をするとケガレが移るとされたのです（「合火（あいび）」）。こうした観念は、狩猟を生業とする人々や屠畜など動物の処理にかかわる人々を社会的に排除するという、差別の構造を生み出すことにもなっていきました（同上、pp. 119-22）。

　こうした肉食のタブー視は、中世から近世にかけて仏教文化が広く根付いていく中で民衆レベルにまで広がり、前述のように米を中心とする社会が完成する江戸期になるとますます強化されるようになります。日本の歴史を通じて肉食に対する禁忌意識が最も強かったのは江戸時代であるとされています（同上、p. 162）。

　しかしそれにもかかわらず、獣肉食は完全に消滅することはなく、中世から近世にかけてもずっと存続していました。山間部では、鹿や猪、兎などを狩り、その肉や皮を利用して生活する人々が存在し、狩猟の伝統が維持されていったのです。親鸞の「悪人正機説」はそうした「悪」を行わざるを得ない人こそ救われるという教えでもあります。また、そうした狩猟民のために、信州の諏訪大社では「鹿食免（かじきめん）」という抜け道が用意されていました。これは、殺した動物を神社に捧げることで、神仏が殺生の罪を引き受けてくれ、動物も成仏できるという観念に基づくもので、一種の免罪符といえます。また江戸期（とくにその末期ごろ）には、「薬喰い」と称する獣肉の摂取も流行していました（原田「日本──道元と親鸞」p. 181；同『歴史の中の米と肉』pp. 194-5；同『日本人はなにを食べてきたか』p. 165；同『和食と日本文化』p. 149）。

以上述べてきた、日本の食文化の歴史において、米と肉は、前者の優越と後者の排除という対照的な位置にありながら、それぞれ特徴的な食文化のありようを形づくってきました。しかしもちろん米と肉だけで食文化を語るわけにはいきません。次に、さまざまな食材から構成される料理という視点から日本の食の歴史を考えていきたいと思います。

2 料理からみた日本の食の歴史

　日本の食は、第4章で説明したように米、魚、豆類、野菜などから成り立っています。これらが組み合わさって料理が作られ、それを人々が食べてきたという具体的な食生活の変遷をみていきたいと思います。ただし、実際に人々がどのような食生活を送っていたのかを探るのは簡単ではありません。なぜなら、日常的な食生活は記録に残されることが非常に少ないからです。とくに、古い時代の一般民衆の食生活がどのようなものであったのかを探ることは、それに関する記録がきわめて少ないため困難であるといえます。ただ支配層の人々の宴会などの記録は残されており、それに基づいてその時代の料理の姿を調べることは可能です。そこで、以下、そのような料理の歴史的変遷を探っていきます。

　なおここでは、学術的に高い価値のある原田信男や熊倉功夫の研究に依拠して叙述を進めていきます〔原田信男『和食と日本文化』、『日本人はなにを食べてきたか』、『江戸の料理史』（中公新書、1989年）、『日本の食はどう変わってきたか』（角川学芸出版、2013年）、『和食とはなにか』（角川ソフィア文庫、2014年）、『和食の歴史』（思文閣出版、2016年）、熊倉功夫『日本料理の歴史』（吉川弘文館、2007年）、他〕。

••

古代から中世の料理文化

　古代の料理文化の実態は史資料が乏しく明らかではありません。ただし、古代国家の祭祀や儀式の際の料理形式として「神饌料理」（神に捧げる料理）を想定することはできます。奈良時代にはこうした神饌料理が成立したと考えられます（原田『和食の歴史』p. 13）。その内容は、膾にした魚、生の野菜、茹で物、

蒸し物、干物などを切り分けて提供し、塩や酢、醤（ヒシオ＝調味料）で好みの味付けをして食べるというもので、非常にプリミティブな料理の形といえます（同上、p. 16）。また仏教や中国の影響も強く、それは供物に彩色したり、小麦粉で作り油で揚げる唐菓子が出されたりすることに表れています（原田『和食と日本文化』p. 48；同『和食とはなにか』pp. 50-1）。しかし、こうした神饌において、生菜や魚の膾のような生物の提供、アワビ、カツオ、ワカメなどの海産物の重視などといった、日本の調理文化の独自性がすでに出現していることが注目されます。古代国家の下で、8 ～ 9 世紀には米を中心として主に魚介を用いた料理体系（膾、煮物、焼物）が成立していたといえるわけです（原田信男『和食と日本文化』p. 52）。

　平安時代になると政治の実権は藤原氏などの高級貴族が握り、地方では武士が台頭して、しだいに古代から中世へと時代が変わり始めます。この平安時代を代表する料理様式が大饗料理です。これは、高級貴族が正月や大臣に就任した際に実施した最高級の宴会料理で、平安末期のいくつかの史料に記録されておりその実態が詳しくわかります。ではどのような料理が出されたのでしょうか。

　大饗料理とは、拝礼・宴座（正式の酒宴）・穏座（よりくだけた酒宴）の3部から構成される大規模な宴会で、莫大な費用をかけて実施されました。『類聚雑要抄』（1146 年頃成立した宮中行事についての書）という文献に、藤原忠通が永久 4（1116）年正月に実施した大饗の様子が記録されています（原田『和食と日本文化』pp. 66-9；『和食の歴史』pp.17-22；熊倉『日本料理の歴史』pp.13-6）。

　宴会の料理の内容は、**図 2** に示すように、身分によって異なり 4 つのランクに分かれています。Aは皇族で正客、Bは三位以上の高位の公卿、Cは重要政務に携わる少納言・弁官クラス、Dは主人です。赤木の台盤が並べられ、食器は全て銀製で、数多くの料理が提供され、料理自体も贅沢な最高級のものでした。さまざまな魚介類や鳥類などの生物や干物が並べられています。干物はアワビ、タコ、干した鳥、楚割（すわり：魚肉を細かく裂いて干したもの）で、生物はキジ、コイ、タイ、マス、ウニ、貝類などを塩や酢で締めたものです。さらに窪杯物と呼ばれるクラゲやキジの内臓の塩辛などもあります。これは塩、

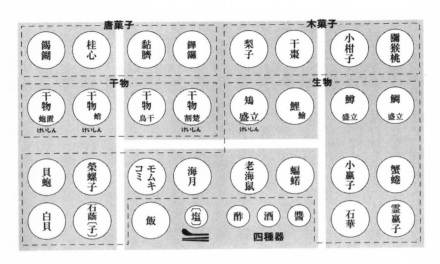

唐菓子 / 木菓子 / 干物 / 生物

餲餬　桂心　黏臍　饆饠　｜　梨子　干棗　｜　小柑子　獮猴桃

干物（蚫置　けいしん）　干物（蛸　けいしん）　干物（鳥干）　干物（割楚　けいしん）　｜　鳩盛立（けいしん）　鯉鱠　｜　鱒盛立　鯛盛立

貝蚫　榮螺子　｜　モムキコミ　海月　老海鼠　蝙蝠　｜　小蠃子　蟹蜷

白貝　石藤（子）　｜　飯　塩　酢　酒　醬　四種器　｜　石華　霊蠃子

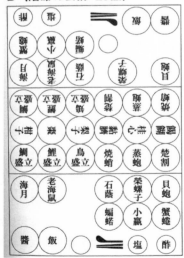

B 〈陪席の公卿・20品〉

C 〈小納言弁官・12品〉

餲餬　桂心　梨子　棗
焼蛸　蒸蚫　鱒盛立　鯉鱠　小蠃　蟹蜷
飯　塩　酢　モムキコミ　海月

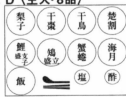

D 〈主人・8品〉

梨子　干棗　干鳥　楚割
鯉支子　鳩盛立　蟹蜷　海月
飯　塩　酢

図2　藤原忠通の大饗の様子や献立
出所：原田『和食と日本文化』p. 68

酢、醤と共に調味料的に利用され
ました。

　料理の様式を見ると中国の影響
が強かったことがうかがえます。膳
ではなく台盤、すなわちテーブル
が利用され、またその上には箸と
共に匙が置かれています。これは
実際には使用されなかったのです
が、箸と匙のセットは大陸風の儀
式性の象徴でした。皿数は偶数で
これも中国の影響です。また、唐
菓子すなわち小麦粉を練って油で

図3　『病草紙』
出所：熊倉、前掲書、p.28

揚げる中国風の菓子も出されています。要するに大饗料理は平安期の貴族の中
国風儀式料理といえるでしょう。

　しかし、食材を美しく切って並べるという、後の料理文化の特色と共通する
点も見て取ることができます。日本料理の「切る」という技術は、片刃の薄い
刺身包丁で魚肉の細胞を破壊することなく切ることで肉汁や旨味を完全に閉じ
込めるというもので、日本料理の最大の特色の一つです（原田『和食の歴史』
p. 21）。ただ、提供されている料理自体に味付けはされておらず、各自の前に
置かれた酢、酒、醤、塩などの調味料や塩辛類（窪杯物）によって自分で調味
しなければなりませんでした。こうしたスタイルは、以前の神饌料理と同じく、
調理技術が未発達であることを示すといえるでしょう。

　この時期の庶民の食事風景はほとんどわかりません。ただ、平安末期・鎌倉
初期に成立した『病草紙』に下級役人の食事風景らしきものが描かれています
（**図3**）。これを見ると、高く盛った飯と汁があり、その手前に料理と調味用と
思われる3つの皿が描かれています。おそらく一汁三菜という日本料理の原型
がここに示されていると考えられます（熊倉『日本料理の歴史』pp. 27-9; 原田『和
食の歴史』p. 23）。

精進料理、本膳料理、懐石料理

　その後鎌倉時代、室町時代と時代が進み、中世社会が成立します。中国から禅宗と共に精進料理と喫茶の文化が導入されて、それを基礎に日本の料理文化は大きく発展します。本膳料理が成立し、さらに懐石料理が誕生するなど、日本独自の料理文化が確立していくのがこの中世という時代です。

　鎌倉時代の武士の食事としては、垸飯というものがあります。これは、正月に有力御家人から将軍に献上される食事儀礼です。もともとは平安時代に貴族が集まった際に出される簡単な食事のことで、内裏の警備に当たる滝口の武士にも膳が振舞われました。それが承久の変以降に鎌倉幕府の儀礼食として定着しました。内容は飯と塩、酢のほか、アワビとクラゲのみという非常に質素なもので、梅干しを加え奇数の皿になっています。この時代の武士の食事様式は、基本的には平安貴族のそれを受け継いだものといえるでしょう（原田『和食と日本文化』pp. 74-5）。

精進料理

　日本の料理文化に大きな変革をもたらしたのは、何といっても、中国から伝わってきた精進料理です。これは、粉食と調味料を用いた高度な調理技術が特徴です。中国では唐代に水車の導入によって製粉技術が著しく発達し粉食が大衆化しました。それを基礎に、小麦粉や豆粉、野菜などの植物性の素材を、ゴマ油や豆豉などの調味料を利用して濃厚な味付けで調理するという精進料理が成立しました。植物性の食材を使いながら肉料理や動物性食品に擬した形にするといった高度な調理技術も出現します。この精進料理はとくに禅宗寺院で発達し、喫茶の習慣と共に普及していきました。そして、それらが平安末期から鎌倉時代にかけて中国（南宋）に留学した禅僧たちによって日本へと伝えられてきたわけです（原田、『和食と日本文化』pp. 77-8）。

　精進料理の高度な調理法によって、鎌倉・室町時代に調理技術における革命的な進歩がもたらされました。大饗料理や神饌に見られたような生物や干物で

はなく、ゴマ油で揚げたり味噌などの調味料で味付けしたりした料理が出現し、穀物粉や味付けした野菜、キノコ類、果物などで点心、汁物、菓子類が作られました。中国と同じように、これら植物性食材を鳥獣肉にみたててそれに近い味を出そうとすることも行われました。こうした「もどき料理」を作るには高い調理技術が必要とされますが、こうした精進料理の料理人は調菜人と呼ばれ、魚鳥をさばく包丁人とは区別されました（同上、pp. 80-2）。

　ところで、禅宗では料理を仏道修行の一環として重視しますが、日本でとくに食の思想を唱えたのが曹洞宗の祖の道元です。道元禅師が著した、『典座教訓』と『赴粥飯法』の２つの著作は精進料理の思想を表すものとして重要な位置を占めています（原田信男「日本――道元と親鸞」、南直人編『宗教と食』pp. 182-7）。

本膳料理

　さて、室町時代になると京都に幕府が置かれ、本膳料理という料理様式が成立します。本膳料理は、精進料理の高度な調理技術を取り込み、鎌倉時代の垸飯とは全く異なる贅沢な料理であり、高度な儀式性と装飾性を備えた武家の正式な宴会料理となります（原田『和食の歴史』p. 33）。

　その内容は、今日の日本料理と同様、カツオや昆布の出汁による味付けが施され、火で調理した煮物、焼物、汁物などの多数の料理が提供されます。もはや大饗料理のように匙が置かれることはなく、専ら生物や干物が出されたり、自分で味付けをして食べることはなくなります。また、皿の数は奇数が基本となり、台盤（テーブル）ではなく膳を並べるという日本的なスタイルが取られます。その意味で、本膳料理によって、中国からの影響と日本的独自性がミックスした本格的な日本料理が誕生したといえるわけです。こうした本膳料理は、その後の日本料理の基本形となり、「日本料理の正統」とされるようになりました（熊倉『日本料理の歴史』p. 68；原田、『和食の歴史』p. 29）。

　最も本格的な本膳料理が出されるのは、「御成」という大名が室町将軍を招待して催される儀式においてです。そこでは、式三献から始まり七五三の膳を

献　部														膳　部								献　部			式三献	進士美作守請取献立之次第（将軍、御相伴衆、御供衆、御走衆）
十七献	十六献	十五献	十四献	十三献	十二献	十一献	十献	九献	八献	七献	六献	五献	四献	御菓子	七膳	六膳	五膳	四膳	三膳	二膳	本膳	三献	二献	初献		
加良須美 蛤 鯑	鴫鯛 月海 鴨	熊引 海螺 栄螺 鯨	巻鯛 酒蘫 浮熬	削物 御押物 桜熬	魚羹 海螺 御押物	鯛 羊羹 御押物 赤貝	鱈（海老カ）三方膳 御押物 橘焼	鯛 御押物 鮓 赤貝	鳥 青鱠 饅頭 御押物 竜刺	鶏鱠 御押物 鮎	ヲチン鯛 御押物 芋籠	麺（めん）御押物 鱧（海老カ）		蒟蒻 麩 胡桃 搗栗 薯蕷 苔 結花（昆布）串柿	熊引 鴨	鯛 赤貝	鮓（鯖カ）赤貝 鱈（海老カ）鯛	酒浸 鶉 鱧（海老カ）鮨	擬剣 鶴 鯛 鯨 辛螺 加良須美 海老 集汁	塩引 焼物桶 海月 鯛汁 鯉 和雑 飯 香物（切）蒲鉾 フクメ（鯛カ）海老 集汁	鯛 醤熬	熨斗鮑 鯛	鳥 亀甲 角 蓋 雑煮 鯛	御手掛 二重 瓶子 置鳥 置鯛	
黒主	猩々	自然居士	当麻	野守	張良	野宮	春日竜神	松風	春栄	熊野	八島	老松	式三番													能番組

図4　1561年将軍足利義輝の「御成」の際の料理一覧
（ただしこれは最も身分の高い者の献立）
出所：原田信男『和食と日本文化』pp. 86-7

中心とする多数の豪華な料理が次々と提供され、その合間に能などの演芸が演じられます。室町時代末期の1561年に13代将軍足利義輝を招いた時の「御成」を紹介してみましょう（原田『和食と日本文化』pp. 85-8；熊倉、『日本料理の歴史』pp. 84-8）。

　式三献から始まり、最初は献部（初献〜3献）、次がメインの膳部（本膳〜7膳＋御菓子）、再び献部（4献〜17献）となります。それぞれの回にいくつもの料理が出され、合間に14本の能が演じられ、一昼夜にわたる長時間の宴会となっています。料理内容は**図4**をご覧ください。きわめて多種類の魚、鳥、果物の

名前が挙げられており（タイ、タコ、コイ、フネ、エビ、クジラ、クラゲ、ウズラ、カモ、クルミ、カキ、クリ等々）、贅を凝らしたものであることがわかります。

懐石料理

　さてこうした豪華な本膳料理が成立する一方で、16 世紀末頃に懐石料理というきわめて洗練された料理様式が誕生します。この懐石料理は茶の湯と切り離すことはできません。前記のように喫茶の文化は中国からもたらされたのですが、やがて茶の種類を言い当てる遊び（闘茶）であったものを、村田珠光や武野紹鴎が芸術として発展させ、千利休が侘茶として完成させます（熊倉『日本料理の歴史』pp. 109-14）。この侘茶の精神に基づいて新たに生み出された料理様式が懐石料理です。利休は茶会から享楽的な酒宴の要素を排除して高い精神性を追求し、それにふさわしい料理芸術を模索して懐石料理を完成させたのです（原田『和食と日本文化』pp. 93-4）。

　懐石料理では、本膳料理の形式性や儀式性、豪華絢爛さを排し、料理自体を味わうことを重視します。長時間の宴会で冷めた料理を出すのではなく、質素ではあるけれども温かな一汁三菜が理想とされます。飯と汁、それに、香の物、向付、煮物、焼き物という構成が現在まで懐石料理の基本形となります（原田『和食の歴史』p. 48）。

　この懐石料理の最も重要な点は、少ない皿数の中に季節感や旬を盛り込み、盛り付けの色彩やバランス、料理と器の調和など、洗練された感覚（＝「侘び」の美意識）を料理に反映させるというところにあります。とくに「一期一会」のもてなしの精神が重視され、料理を盛る器、掛け軸や生け花などの茶室のしつらえ、茶道具などすべてに美的感覚を総動員しつつ主人が客をもてなすという、いわば総合芸術的な料理様式といえるのです。この懐石料理の出現によって、日本独自の料理文化が完成したということができます。それゆえ、熊倉功夫は、これをもって「日本料理の世界をかたちづくる一つの柱が成立した」（熊倉『日本料理の歴史』p. 105）とみなし、原田信男は、懐石料理を「和食の最高峰」（原田『和食の歴史』p. 45）と位置づけています。

江戸時代における料理文化の展開

　近世に入り江戸幕府が成立すると、社会が安定化しさまざまな点で食文化が大きく発展を遂げます。日本の伝統的な食文化の形成に最も大きく寄与したのが、この江戸時代における食と料理の発展です。この時代の食文化の動きを次の４つの観点から説明していきます。

> 1　米を基盤とした経済体制の成立と流通経済の発展
> 2　発酵調味料などの食材の生産・加工技術の発展
> 3　外食の拡大による料理文化の高度な発展
> 4　料理書の普及に見られる食に関する情報の拡大

　ただその前に、もう一つ中世末期から近世に起こった新しい出来事として西洋の食文化との遭遇について言及しておく必要があります。これは、第Ⅲ部で扱う「コロンブスの交換」という世界史的な出来事の一環で、大航海時代以降、世界的規模で動植物や食物などが大陸を越えて交流していくという現象のことを指します。日本の食文化に関しては、調理への油の利用（天ぷらなど）や南蛮菓子の導入に見られるように、安土桃山から江戸期にかけての日本の料理文化の発達に大きな影響を及ぼしました。とくに長崎からの砂糖の輸入は、和菓子の発展にきわめて大きな役割を演じました〔これに関しては、青木直己「和菓子が求めた甘味」、山辺規子編『甘みの文化』ドメス出版、2017年、pp. 88-110、および八百啓介『砂糖の通った道——菓子から見た社会史』弦書房、2011年、pp. 52-70などを参照〕。ここではこれくらいの説明にとどめておき、江戸時代の食文化の発展という話題に戻ります。

米と発酵調味料

　まず江戸時代になると、先述したように米を基盤とした経済体制（石高制）が成立します。天下泰平の世となり、17世紀中には人口が増加し米の生産力

も向上します。安定した政治体制の下で交通路が整えられ、流通経済が発展します。陸上交通路としては五街道（東海道、東山道、奥州街道など）が整備され、淀川などの河川の利用も進みますし、海上交通路としては、西回り航路、東回り航路、南海路などの日本列島をめぐる全国的な航路が開発されます。この西回り航路を辿って北海道の昆布が関西へ運ばれ、南海路を通って上方の酒が江戸へ運ばれたりして、こうして全国的な流通網が成立するわけです。

　次に食材の生産・加工技術の面からみると、日本料理の味付けの基礎となる出汁や調味料の技術が発達していきます。とくに重要なものが昆布とカツオ節で、昆布のグルタミン酸とカツオ節のイノシン酸を組み合わせて濃厚な旨味を得る技術は、日本料理の基礎の一つです。ただし、昆布は古代から食べられてはいたものの出汁としては利用されていませんでした。昆布から旨味を引き出す技術は精進料理から始まります。またカツオは、古代から煎汁が調味料として利用されてきましたが、カツオを乾燥・熟成させて旨味を増したカツオ節の出現は室町期です。そして両者を合わせて濃厚な旨味を得る技法は、時期は確定できませんが本膳料理のあたりから始まったと考えられます。その背景には日本列島内の流通の発達がありました（原田『和食とはなにか』pp. 120-9；同『和食の歴史』pp. 35-7）。

　日本料理の味の基礎となる発酵調味料はすでに古くから利用されていましたが、江戸期になるとそれらの商業的な生産が拡大していきます。すでに酢、醬などの発酵調味料は大饗料理に登場しています。味噌は精進料理において大いに利用されており、室町期にはコウジカビを利用した麹が商品化され、味噌や酒、酢などの発酵調味料の生産が拡大していきます。さらに味噌をベースとして醬油が出現するようになり、日本料理の味付けの中心となっていきます。醬油の史料上の初出は15世紀後半ですが、醬油は手間がかかるため普及には時間を要しました。しかし江戸期になると、各地に醸造業が発達し醬油の大量生産が行われるようになります。原料として重要な塩も製塩技術が発達して安定的に生産されるようになります。さらに酢や味醂などの調味料も大量生産されるようになり、醬油、酒、味醂など料理の味付けに不可欠な発酵調味料が豊富に供給されるようになったことが江戸の食文化の発達を強力に推進していった

わけです（原田『和食とは何か』pp. 130-42；同『和食の歴史』pp. 63-9）。

外食の拡大による料理文化の高度な発展

　こうした政治的、経済的な条件が整備された上に、江戸期の食文化が花ひらいていきます。先にみた経済の発展を背景に商業が繁栄し、身分制度の枠組みの中ではありますが大都市に人口が集まるようになります。とくに人口が多かったのは京都、大坂、江戸の三都で、江戸時代初期は京都、その後大坂、後半になると江戸が繁栄しました。18 世紀には江戸は 100 万人以上、大坂 40 万人超、京都は 40 ～ 45 万人というような膨大な人口を抱えていました（原田信男編『江戸の料理と食生活』小学館、2004 年、pp. 26-7）。こうした巨大都市の成立といった時代背景の下で、江戸時代に外食文化が成立し、高度な料理文化が発展して、それが裕福な町人層に拡大していくことになります。そのプロセスを簡単に追ってみます。

　江戸時代の初期には、外食といってもまだ料理屋はなく、寺院などでの貸席が中心でした。京都では東山の時宗寺院などで、一時的に料理人を雇い寺の庫裡を借りて調理をして客に提供するというスタイルでした。17 世紀末の元禄期になると、新興の商人が客を招待して豪華な料理でもてなすことが行われるようになります。仕出しというスタイルです。同時期には、江戸でも茶飯、豆腐汁、煮しめ、煮豆など簡単な食事を提供する店が出現してきます（原田『和食とはなにか』pp. 165-7；同『和食の歴史』pp. 52-4）。

　その後、とくに江戸時代後半の 18 世紀後半から 19 世紀初頭の時期になると、高級料理屋や大衆的な屋台の外食が大きな発展を遂げます。百万都市となった江戸では、今日まで存続する八百善など、ぜいたくな宴会料理を提供する高級料亭が出現します。こうした宴会料理として、現在もなお日本料理の標準的なスタイルである「会席料理」が成立しました。これは先にみた懐石料理をもとにしつつ、料理の数を増やし、「茶」の要素を抜いて「酒」を入れることで、歓楽的な側面を強調したものです（原田『和食とはなにか』pp. 180-3；同『和食の歴史』pp. 54-7）。

　他方で料理の大衆化も進展します。江戸は大名の家臣団の他、諸国から大勢の労働力が集まり若い男性が非常に多いという人口構成であったこと、人口密度も高く庶民層の居住環境が劣悪で調理のための条件が整っていなかったことなどの事情のため、巨大な外食の需要が存在していました。その中で庶民層を対象とした屋台のストリートフードが発展したわけです。とくに江戸後期になると、蕎麦、天婦羅、稲荷ずし、握りずしなど、いずれも今日の日本料理を構成するきわめて重要な料理文化が発展していきました〔こうした事情については、原田編『江戸の料理と食生活』pp. 114-25、および大久保洋子『江戸のファーストフード』講談社選書メチエ、1998 年、等を参照〕。

料理書の普及に見られる食に関する情報の拡大

　江戸時代における食文化の成熟において、もう一つ重要な要因となったのが料理書の発達です。その背景には江戸時代における印刷技術の発達や出版文化の繁栄があります。中世までの料理術は「秘伝」、「口伝」の世界であり、料理術を伝えるいくつかの流派による少数の料理書はありましたが、その読者は限定されていました。料理に関する知識は狭い範囲の中に閉じられていたわけです。しかし、江戸時代には数多くの料理書が出現することによって、料理に関する知識が広く公開されるようになりました。これは食文化の発展にとって非常に大きな意義をもつ出来事であるといえます。

　江戸時代の料理書の嚆矢といえるのは 1643 年に刊行された『料理物語』です。その内容は特定の流派に偏ることなく、また料理にまつわる故事来歴の記述を排して徹底的に実用的な知識のみを記述するというスタイルでした。そしてこの書物の本来の書名は、『料理秘伝抄』であったとされています。つまり従来は秘伝であった種々の流派の料理術を公開するという性格の書物であったわけです（原田信男『江戸の料理史』pp. 17-29；同『和食と日本文化』pp. 103-6）。その後、『古今料理集』（1661-81 年）、『合類日用料理抄』（1689 年）、『当流節用料理大全』（1714 年）など多くの料理書が出版されるようになりますが、江戸時代前期の料理書は数冊に及ぶ大部なものが多く、内容も高度でいわば百科全書的な書物と

なっています。したがって読み手も料理や茶の湯などにかかわる専門的な人々が対象と考えられます（原田『和食の歴史』、pp. 59-61；同『和食と日本文化』pp. 118-22）

　しかし江戸後期になると、明らかに出版される料理書の性格が変化します。先にみたように、ちょうど外食の文化が発展して高級料理屋や大衆的な屋台などが出現した時期になります。それに合わせて、1、2冊程度の手軽な書物で、テーマも食材を限定したものが主体となり、専門的な料理人向けではなく、一般の人々向けの趣味的、遊戯的な料理書が数多く出版されるようになるのです（原田『江戸の料理史』pp. 104-14；同『和食と日本文化』p. 123）。

　こうした料理書の代表的存在が1782年に出版された有名な『豆腐百珍』です。これは大坂、京都、江戸で販売され大ヒットしました。そのためその後「百珍モノ」と称されるさまざまな書物が発売されるようになります。原田はこの変化を「料理書」から「料理本」へというように説明していますが、いずれにせよ料理に関する知識がより広い階層の人々に拡散していったことは間違いありません。さらに19世紀初頭の文化・文政期になると、酒量を競ったり大食いを競ったりするような催しが開かれるなど、ますます食が娯楽の対象となっていきました（原田『江戸の料理史』pp. 103-31；同『和食の歴史』pp. 61-3、69-74）。

　このように江戸時代後期には料理文化が成熟していったわけですが、1840年代の天保の改革頃を境として、行き過ぎた娯楽化の傾向はしだいに衰退していきます。そして幕末から明治へと時代が大展開していくことになります。

近代以降の日本の料理文化の変遷

　時代が明治となり近代に入ると、西洋の食文化が流入し日本の食文化は大きな変化を遂げます。料理という面からみると、西洋料理の導入と料理における和洋折衷化というようにまとめられます。第6章でも少し触れたように、国家の公式の宴会料理を当時国際的にスタンダードであったフランス料理とするなど、西洋の料理と食文化が「文明開化」という文脈で紹介されていきますが、とくにインパクトが大きかったのが肉食の導入です。

　1871（明治4）年に天皇が肉食再開を宣言し、同年仮名垣魯文の戯作『安愚楽鍋』が刊行され人気を博するなど、肉食が西洋文明の象徴として宣伝されます。そして、その牛肉を醤油など従来の調理法で味付けした牛鍋が流行します。また1872年には肉の料理法を集めた、『肉食大天狗』という料理書も刊行され、同年に仮名垣魯文は『西洋料理通』という西洋料理を紹介する料理書を刊行し西洋料理の宣伝に努めました。ただし一般社会ではまだ肉食＝穢れ（ケガレ）という意識は根強く残存しており、肉食が庶民層にまで普及するのはずっと後になってからです。

図4　『赤堀西洋料理法』
筆者所有

食習慣は保守的であり、急速には変化しないものともいえます（原田『和食と日本文化』pp. 149-58；同『和食の歴史』pp. 75-8）。

　そうした中で西洋の料理や食文化は、日本の人々の食習慣に適応した形で変容し、それが食生活の中に定着していくことになりました。これが「和洋折衷化」と称される現象です。上述の牛鍋が明治初期におけるその典型例ですが、明治後期から大正期にかけて、トンカツ、コロッケ、カレーライスといった、西洋料理を取り入れた和洋折衷のいわゆる「洋食」が誕生し、都市の中産層といった人々の間で普及するようになっていきました〔洋食については多くの文献があり紹介しきれませんが、代表的なものとしては、小菅桂子『にっぽん洋食物語大全』講談社＋α文庫、1994年、などが挙げられます〕。

　このように近代日本の料理文化の最大の特徴は、やはり西洋料理の影響が強かったということになるわけですが、こうした食の洋風化は種々の要因によって促進されたと考えられます。一つは学校教育のレベル、すなわち女子高等教育機関や料理学校、料理講習会などによる西洋料理の教育です。たとえば1882年に「赤堀割烹教場」を設立した赤堀峯吉は日本料理と共に西洋料理も教授しています（江原絢子『家庭料理の近代』吉川弘文館、2012年、pp. 66-71）。赤堀割烹教場からは、『赤堀西洋料理法』という料理書も後に出版されています（**図4**）。

もう一つは軍隊で、とくに海軍は積極的に洋風の食を導入したことで知られています。さらに、新聞・雑誌の記事などでも洋風の食生活が喧伝されました。なかでも料理小説として有名な村井弦斎『食道楽』（1903 年発表）は四季それぞれに応じたさまざまな西洋料理を紹介し、一大ブームを巻き起こしたほどでした（村井弦斎については、黒岩比佐子『『食道楽』の人 村井弦斎』岩波書店、2004 年、参照）。

　こうした西洋料理の影響の拡大という時代の趨勢の中で、日本料理もまた変革を迫られました。先にみた江戸末期における退廃的ともいえるような料理文化の爛熟を経て、伝統的な日本料理は行き詰まりに直面しましたが、他方で、西洋料理や中国料理という新しい要素を取り入れる動きが出現します。この動きは、懐石料理の伝統を生かしつつ、新しい料理や美的感覚、美意識を創造しようとするもので、ちょうど 300 年前の戦国末期に千利休が新しい茶の湯の文化を創造した精神に基づくものといえます。その代表的人物が北大路魯山人と湯木貞一です（原田『和食の歴史』pp. 82-3）。

　北大路魯山人（1883-1959）は、近代日本を代表する総合芸術家といえるような人物ですが、日本料理の革新にも大きく寄与しました。彼は書画、陶芸などさまざまな芸術についての造詣が深く、料理をそうした芸術の一つとして位置づけました。特筆すべきは、会員制高級料亭「星岡茶寮」の顧問・料理長として活躍したことです。料理人・料理研究家としての活動の中で、彼は献立に中国料理風の前菜を取り入れたり、「普通なら捨てられている素材を利用」したり、さらに丸揚げの魚や肉料理、豊富なデザートなど日本料理らしからぬ料理を提供したりといった新しい試みを行い、日本料理に新しい風を吹き込みました（原田『和食と日本文化』p. 198；『魯山人と星岡茶寮の料理』柴田書店、2011 年、pp. 97-100）。

　湯木貞一（1901-97）は、現在も続く高級料亭「吉兆」の創始者です。彼は、茶の湯の伝統に立ち返って新しい懐石料理を創作しようと試みました。たとえば牛肉やスモークサーモンなど洋風の食材も積極的に利用し、また「松花堂弁当」というスタイルを考案しました（原田『和食と日本文化』p. 199）。さらに湯木は、1976 年と 78 年にフランス料理研究家の辻静雄の案内で 2 度のヨーロッ

パ旅行を行って当時の最高レベルのフランス料理を味わい、西洋料理への認識を深めるとともに、1979 年と 1986 年の 2 度にわたって東京サミットの場で欧米の各国首脳に日本料理を提供しました。日本料理の国際化に大いに貢献した人物でもあるといえるわけです（末廣幸代『吉兆　湯木貞一』吉川弘文館、2010 年、pp. 153-67）。

　本章の最後に、その後現代にいたる日本の食文化の変遷について簡単に概観しておきます。昭和の初期には食の近代化や合理化がいっそう進展しましたが、その後 1931 年から 1945 年まで中国への侵略戦争、アメリカなどとの太平洋戦争と戦争が 15 年間続き、食の世界も大きな打撃を受けました。敗戦後の食糧難の時代を経て、1960 年代からの高度経済成長期に食生活は豊かになります。しかしコメ離れが進み農業は変化を余儀なくされました。食の洋風化、スピード化、簡便化など食生活もこの時期に大きく変化しました。さらに 1980 年代のバブル経済の時代に食のグローバル化が進む一方、健康志向の強まりなどを背景に伝統食の再評価が進みます。

　こうして現代日本の食卓はきわめてバラエティに富んだものとなっています。外食はもちろん、家庭料理の領域においても、たとえばパスタ（イタリア風）、チャーハンや餃子（中国風）、焼き肉（韓国風）、コロッケやオムライス（和洋折衷）、刺身（和風）などなど多様な料理が並ぶのがごく普通の食卓風景となっています。要するに外国風も和風も何でもありの食卓というわけです。しかし、バブル経済の崩壊から始まった平成の「失われた 20 年」の時期には格差が拡大し、食の世界も複雑化していきました。2013 年には和食がユネスコの無形文化遺産に登録されると、食を目玉にした観光が推進されて、海外からの観光客も増加し、日本の食の世界は花盛り状況を迎えたようにみえました。しかし 2020 年、新型コロナウイルス流行というまったく新しい試練に直面するようになり、食をめぐる状況は不透明なものとなっています。今後のウィズ・コロナ、アフター・コロナの時代の日本の食文化がどのように変化していくのかはまだ見通せません。

第III部

食の視点で読み解く
近代世界の幕開け

　第III部では、食という視点からヨーロッパを中心とした近代世界の形成について考えていきます。西洋の没落という言説が唱えられるようになってすでに1世紀がたちますし、いまさらヨーロッパ中心主義にしがみつくことはできませんが、歴史的事実として、近代世界がヨーロッパ（とヨーロッパ人が作り上げたアメリカ）を中心として形成されてきたことは否定できません。

　そうした近代世界の形成においては、食が大きな役割を果たしていました。飲食物そのものの場合もあれば、食をめぐる思想やイデオロギーの場合もあります。たとえば、17世紀以降ヨーロッパ世界で流行するようになったコーヒーや紅茶の文化は今や世界中に拡がっていますし、19世紀にヨーロッパで産業革命が本格化すると食品工業が発展し、工業的に生産された食品が世界各地の食生活を大きく変えました。また、同じく19世紀にやはりヨーロッパで発展した栄養学などの食に関する科学は、今や世界中いたるところで知識として定着しています。このようにヨーロッパ近代において創出された食にかかわるさまざまな事柄や現象は、近代以降の世界の歴史に大きな影響を及ぼしたといえます。

第Ⅲ部では、そうした食にかかわる近代世界の生成と展開に関
して、いくつかの事例を取り上げて検討していきたいと思います。
第8章ではヨーロッパ人たちが大航海時代に非ヨーロッパ世界へ
進出するきっかけとなった香辛料貿易の問題を扱い、第9章では
その大航海時代がもたらしたグローバリゼーションの中身とその
結果を考察します。第10章と第11章では、食からみた近代ヨー
ロッパ社会の成立とその変容について、いくつかのテーマを題材
として考えてみたいと思います。

第 **8** 章

香辛料と
近代世界の成立

キーワード

キーワード

大航海時代

●

ポルトガル

●

インド航路

●

コショウ

●

四大香辛料

●

香料諸島

●

植民地支配

この章で学ぶこと

　食という視点から近代の世界史をみる第一歩
として、香辛料の果たした役割を考えてみたい
と思います。香辛料は、ヨーロッパからみると
はるか遠くの地で産出される非常に価値の高い
商品であり、それをめぐって遠隔地貿易や戦争
などといった数々の出来事が生じてきました。
その意味で香辛料が歴史を動かしたということ
もできます。

　とくにヨーロッパが主導権を握った近代世界
の生成には香辛料が大きくかかわっていまし
た。本章ではそうした香辛料の歴史的役割を考
えていきます。

香辛料は、一般的には「辛みまたは香り・色などを飲食物に付与する調味料……スパイス」（『広辞苑』第5版）などと定義づけられています。しかしもっと食文化や食の歴史にひきつけて解釈すると次のようになります。「スパイスとは特定の地方だけで採れる天然の産物で、その風味や香りのために、産地から遠く離れた土地で珍重され、高い値で売れる……食べ物や飲み物、香油、ワックス、香水、化粧品、薬剤などに使われてきた……」（エディット＆フランソワ＝ベルナール・ユイグ『スパイスが変えた世界史』新評論、1998年、p. 12）、「スパイスはごく限られた地域でしか採れず、輸入される量もきわめて少なく」しかも「その産地のほとんどが……『世界の果て』にあり……」（同上、p. 6）、「スパイスを求める欲望が、人類の歴史における大事件のきっかけとなった例は多い。それは『危険な風味』であり多くの戦争や流血の惨事をもたらした」（同上、p. 3）。つまり、香辛料は産地が限定され価値が高いため、珍重され、古い時代から歴史を動かす陰の動因の一つであったということです。それゆえ香辛料は食の歴史を考える格好の材料となるわけです。

1 世界各地の香辛料

　では世界にはどのような香辛料があるでしょうか。主な産地ごとに簡単に説明していきます。

西アジア

　まずは西アジアには乳香と没薬という古代から広く利用されてきた香辛料があります。乳香はボスウェリア・サクラという木から採れる樹脂で、アラビア半島東南部のオマーンにおいてのみ採取されました。没薬はミルラノキから採れる樹脂で、アラビア半島南西部のイエメンとソマリアで採取されていました。この乳香と没薬は西アジアの古代文明や古代のギリシア・ローマ世界で、宗教儀式、薬剤、化粧品、食材、ワインの風味付け、媚薬などとして広く利用されていました。ヘロドトスによれば、没薬はエジプトで死体の防腐処置に利用さ

れていました。また『新約聖書』（マタイ伝 2 章）では、イエス生誕の折に東方の三博士が黄金のほかに乳香と没薬を贈ったとされており、この 2 つの香辛料が貴重なものとされていたことがわかります（山田憲太郎『香料博物事典』同朋舎、1979 年、pp. 160-70；アンドリュー・ドルビー『スパイスの人類史』原書房、2004 年、pp. 186-95）。

地中海地域

　次に地中海地域の香辛料としては、まずコリアンダーが挙げられます。コリアンダーは原産地は東地中海地域です。古代エジプトですでに普及していましたが、早くから東方へも伝わりインド、東南アジア、中国などにも広がりました。香辛料（スパイス）としては乾燥した種子を利用しますが、葉も食用となり香草（ハーブ）として用いられます。タイ料理や中国料理のパクチーないし香菜（シャンツァイ）がそれに当たります。一般的には、香辛料（スパイス）は主に熱帯で産出される種子などを利用した強い香りや味を持つもの、香草（ハーブ）は葉などを利用し、穏やかな味や香りを持つものとされますが、このコリアンダーにみられるように、両者の違いは相対的なものではっきりした区分はできません。

　カレーの風味に重要な役割を果たし、また西アジアや中央アジアの羊肉料理などによく使われるクミンもまた、地中海地域東部および中東原産です。コリアンダーと同様、早くからインドなど東方へと伝わり広まりました。

　地中海地域は、このほかキャラウェイ、マスタード、サフランなどさまざまな香辛料ないし香草の産地です。このうちサフランは、花の雌しべを材料として作られ、黄金の色を付けるために利用されます。1 グラム作るのに 150 本の雌しべが必要とされ、たいへん高価なものでもあります（ドルビー、前掲書、pp. 207-230；『スパイスの事典』成美堂出版、1998 年、p. 21）。

南アジア

　さて、香辛料の本場は何といっても熱帯アジア、なかでもインドやスリランカなどの南アジアです。この地域は古くから多くの香辛料の産地として知られ、香辛料貿易の中心でもありました。

　南アジア産の香辛料の代表は何といってもコショウでしょう。原産地はインド南部からスリランカとされ、学名は "Piper nigrum" といいます。まだ未熟な青い実を摘んで乾燥させたのが黒コショウで、成熟した実の果皮を取り除いたものが白コショウです。後者の方が刺激がおだやかで香りがまさるためより高価となりますが、流通量は少なくなります。

　これとは別の種類が長コショウ（学名は "Piper longum"）です。原産地はインド北東部（ベンガル地方からアッサム地方）とされ、より早く歴史に登場しています。風味がより強くより高価でしたが、現在はヨーロッパでは「忘れられた」存在になっています（ドルビー、前掲書、pp. 138-48）。このコショウは早くから東西に伝播していきました。西方では、B.C.4 世紀初頭のギリシアの文献にすでに登場しており、ローマ帝政期には消費が拡大していましたし、東方でも早くから中国まで伝播し、すでに『後漢書』に記載されています（山田憲太郎、前掲書、p. 291）。

　シナモン（学名は "Cinnamomum zeylanicum"）も南アジアの香辛料の中で重要な位置を占めています。原産地はスリランカ・インド南部で、シナモンの木の樹皮から作られます。西洋世界へはコショウより早く、B.C.7 〜 6 世紀には地中海地域に到達していたようです。ヨーロッパ中世においては非常に高価なスパイスとして珍重されていました。これに類似したカシアという香辛料がありますがこれは東南アジア北部から中国南部で産出されます（後述）。

　その他、南インドでは非常に多様な香辛料が産出されます。ターメリックは、原産地はインド中部で、クルクマ・ドメスティカという植物の根茎をすり潰して作られます。黄色い色が特徴でカレー料理の着色に使われますが、さまざまな薬効もあります。7 世紀には中国南部へ伝播し、ウコン（鬱金）として伝統医療に利用されますが、西洋世界では同じ黄色の香辛料サフランがあるためあ

まり利用されなかったようです。カルダモンも原産地はインド南部からスリランカにかけての地域です。爽やかで上品な香りゆえに「スパイスの女王」とも称され非常に珍重されますが、ピリッとした辛みとほろ苦さがあり、西アジアではコーヒーに入れて客をもてなす地域もあります（ドルビー、前掲書、pp. 48-56、151-3、164-9）。

東南アジア

　次に東南アジアに移ります。ここもクローヴやナツメグをはじめとする貴重な香辛料の産地として重要な地域です。まずそのクローヴですが、これはシジキウム・アロマティクムの蕾で、Ｔ字型の独特の形から丁子や丁香などとも呼ばれています。原産地は、現在のインドネシア東部に位置するモルッカ諸島北部のテルナテ島、ティドレ島などです。刺激的で非常に独特な香りがあり、薬品（鎮痛剤）、化粧品、料理などに利用されます。およそ2000年前頃にはインドや中国の医学書で言及され、プリニウスの『博物誌』など帝政ローマ時代の文献にも登場しています。ただクローヴの原産地についての情報は長い間あいまいなままで、ようやく12世紀のアラブの地理学者イドリーシーなどによってほぼ正確な知識が提供されるようになりました。

　もう一つ重要なのがナツメグです。和名は肉豆蔲（ニクズク）と称されます。ミリスティカ・フラグランスというニクズク科の常緑高木の実が原料ですが、その種子を乾燥させたものがナツメグで、種子を包む赤い薄皮はメースという別のスパイスとなります。現在では肉料理、とくにハンバーグなどに不可欠なスパイスとして広く利用されていますが、もともとは非常に希少な価値の高い香辛料でした。というのも、原産地はバンダ諸島という、モルッカ諸島の南に位置する極小の島々で、そこでのみ産出される香辛料だったからです。ヨーロッパの文献に登場するのは9世紀頃以降とされるので、コショウなど他のアジア産香辛料に比べると、知られるのが遅れたのもそこに原因があるのかもしれません。しかし中世後期には、四大香辛料（後述）の一角を占めるようになります（ドルビー、前掲書、pp. 71-81）。

先ほどシナモンの箇所で言及したカシアは、原産地はベトナム南部から東ヒマラヤとされ、東南アジア原産の香辛料に含まれます。シナモンとは厳密には異なりますが、香りや製法はよく似ており、シナモンとして扱われることもあります。桂皮として漢方薬に利用されたり、肉桂として京菓子の八ツ橋の原料になったりもします（山田、前掲書、pp. 395-8；ドルビー、前掲書、p. 52）。

　ニューギニアを原産地とするサトウキビもまた東南アジアの香辛料の一つといえます。ただしインドに伝わりインドが二次的な原産地となりました。その後西アジアから香辛料の一つとしてヨーロッパへと伝わり、中世以降のヨーロッパ世界で大きな人気を得ることとなります（第7章参照）。

　ショウガは人類にとって最も古い香辛料の一つと考えられますが、原産地は東南アジア、中国南部、インドと諸説あり確定していません（ドルビー、前掲書、pp. 21-30）。東アジアの香辛料としては、八角（スターアニス）、山椒、花椒、ワサビなどがあります（ドルビー、前掲書、pp. 114-8）。ワサビは日本原産の香辛料です。

　その他、アメリカ大陸にも重要な香辛料がありました。トウガラシ、ヴァニラなどがそれで、どちらもコロンブス以降旧大陸に伝わり、世界の食文化に大きな影響を与えました（第9章参照）。

2 香辛料への憧れと大航海時代

　さて世界の香辛料を紹介してきましたが、それが近代世界の成立とどう関係するのかという問題を次に説明します。端的にいえば、ヨーロッパ人たちのアジアの香辛料への憧れが大航海時代をもたらし、それが近代世界の成立へとつながってきたといえるのです。少し西洋世界における香辛料の受容の歴史を振り返ってみます。

香辛料の消費拡大

　今までの叙述の中でも言及しましたが、地中海地域では古代のギリシア・ロー

マ時代から、乳香、没薬、コショウ、シナモンなどのアジアの香辛料が広く普及していました。とくにコショウは、ローマ帝政期になると、「ヒッパロスの風」というインド洋の季節風を利用した遠隔地貿易ルートが開発されて大量にインドから輸入され、料理に使用されました（ユイグ、前掲書、p. 10）。種々の料理書でコショウを使ったレシピが紹介されており、アピキウスが書いたとされるかの有名な料理書において最も多く使われている調味料がコショウであったとされています（ミレーユ・コルビエ「ソラマメとウツボ——ローマにおける食べ物と社会階級」フランドラン／モンタナーリ編『食の歴史』藤原書店、2006 年、第 1 巻、p. 289）。その一つに「コショウのソース」というのがあります。これは、一晩ワインに浸けておいたコショウを叩いて潰し、魚醤（ガルム）を加えてなめらかで粘りのあるソースに仕上げるというものです（味はちょっと想像がつきません）。プリニウスの『博物誌』で、コショウのために大量の金貨が東方へ流出することが嘆かれていたほど大量のコショウがインドから輸入され、ローマ帝国の中で消費されていました（ドルビー、前掲書、pp. 143-5）。

　その後ローマ帝国は衰退し、西ローマ帝国の滅亡、ゲルマン人諸国家の成立といった時代の流れの中で、地中海地域における香辛料の需要は減少したと考えられます。しかしヨーロッパ地域は 11 世紀頃から人口が増加しはじめ、また同時期に始まった十字軍の遠征を通じて西アジアとの交流が活発化して、再び東方の香辛料が導入されるようになりました。第 4 回十字軍（1202-4 年）以降、ヴェネツィアやジェノヴァが地中海貿易を掌握するようになりますが、その主要商品は香辛料でした。

　こうして中世後期のヨーロッパでは香辛料の消費が再び拡大していきました。とくに、コショウ、シナモン、クローヴ、ナツメグは「四大香辛料」として重視されました。これらは、先ほど見たように、前 2 者が南アジア、後 2 者が東南アジアと、いずれもヨーロッパからはるか遠くの熱帯アジアでのみ産出されるものであり、高い価値を持っていたからです。さらに 14、15 世紀になると、ヨーロッパ世界での香辛料の消費はますます拡大していきました。食の歴史学の大家フランドランは次のように指摘しています。「ヨーロッパの歴史において、14-15 世紀ほどスパイスが大きな役割を果たした時代はないし、その種類、

使用頻度、使用された量によって、料理にこれほどの重要性を占めたことはあとにも先にもない……また大規模な国際貿易の中で、スパイスがこれほどの影響力を持ったこともない」（ジャン＝ルイ・フランドラン「14・15・16世紀の調味と料理、栄養学」、フランドラン／モンタナーリ編『食の歴史』第2巻、p. 642）。

　なぜこの時期のヨーロッパ人たちはこれほど熱心に香辛料を求めたのでしょう。その目的は何だったのでしょうか。しばしば主張されるのは、肉を保存するため、あるいは腐りかけの肉の臭い消しのために香辛料を使用したのだというものです。しかし果たしてそうでしょうか。フランドランはこうした主張をはっきり斥けています。中世では一般的に肉は新鮮なうちに食べるものであり、また新鮮な肉を食べられず腐りかけの肉を食べねばならぬような貧民層はとうてい高価な香辛料を買い求めることはできないからです。彼はこの時期の香辛料の機能として次の2点を挙げています。一つは上流層のステイタスシンボルとしての機能です。高価な香辛料をふんだんに消費することによって自分の豊かさ、地位の高さを誇示するということです。もう一つは医薬的機能です。この時期イスラーム圏から伝わってきた古代以来の伝統医学の理論（「四体液説」）では、食物は「熱⇔冷」、「乾⇔湿」のいずれかの組み合わせで判断され、これが人間の健康状態に作用するとされ、多くの香辛料は「熱」と「乾」の効能を持つとされます。たとえばコショウは熱・乾の第4度、クローヴは3度、シナモンとナツメグは2度となります（フランドラン、前掲論文、pp. 642-7）。

　ただ、ここで注意しておきたいのは中世末期におけるコショウの価値の下落という現象です。というのも、コショウは、大量に輸入され価格が下落した結果、中世末期にはかなり大衆化していました。したがって、ステイタスシンボルとしての価値は失われてしまっていたことになります（ブリュノ・ロリウー『中世ヨーロッパ　食の生活史』原書房、2003年、pp. 38-9）。

大航海時代へ

　さて、ヨーロッパにおけるこうした香辛料への莫大な需要は地中海の香辛料貿易の活発化と軌を一にしていました。しかし、当時アジア産香辛料の交易ルー

トはイスラーム商人によって支配されており、ヨーロッパ諸国はイスラーム圏を経由することなく直接香辛料の産地であるアジアへ行くルートを開拓することに力を注ぎます。そのことが結果的に大航海時代の幕開けをもたらすこととなりました。フランドランは、「ヨーロッパ人を大洋と他の大陸征服へと送り出しそこから世界の歴史を転覆させたのは（黄金や銀の探求と同じくらいに）スパイスの探求だった」と主張しています（フランドラン、前掲論文、p. 642）。航海者や探検家たちの重要な目的の一つは、アジアへの、とくに香辛料の産地たるインドへのルートの発見と航路の開拓だったのです。

　彼らはそのために、東回りルート、西回りルート、北東や北西ルートなどインドへのさまざまなルートを探索しました。北東航路はスカンジナヴィア半島からロシア方面へ、北西航路はグリーンランドやカナダ方面へと向かう航路で、今から考えると荒唐無稽なルートに見えますが、当時の知識からすれば十分可能性があると考えられていました。当然失敗しましたが、後の極地探検の先駆けとなったという意味で貴重な冒険ではありました。また。西へ直進する航路は、トスカネリの地球球体説に基づきコロンブスが試みたわけですが、周知のようにアメリカ大陸「発見」という世界史的事件をもたらしました。しかし結局インドへ到達できたのは、アフリカ大陸の南側をまわるというルート、いわゆる「インド航路」（**図 1**）でした。

　このルートへはポルトガルがいち早く乗り出していました。すでに 15 世紀初頭の 1415 年に、エンリケ航海王子がアフリカ大陸西北端のセウタという都市を攻略し、大西洋および西アフリカの探検事業を推進していきます。その後、アフリカ大陸の西海岸添いに南下して探検が継続され、1488 年にバルトロメオ・ディアスが喜望峰を含むアフリカ大陸の最南端部に到達して、インドへの航路開拓の可能性を示しました。そして、ついに 1498 年ヴァスコ・ダ・ガマが実際にアフリカ大陸の南端を廻ってインドのカリカットに到達します。彼は現地で大量の香辛料を入手しポルトガルに莫大な利益をもたらしました。なお、ガマに続き 2 回めのインドへの遠征隊を率いたカブラルが、1500 年にブラジルに漂着してそこをポルトガル領と宣言し、その後ブラジルがポルトガル領となる道を開くという出来事も生じています。

リスボン

カリカット

喜望峰

図1　ヴァスコ・ダ・ガマの航路
出所：筆者作成。

　いずれにせよ、こうしてポルトガルは苦労の末インド航路の開拓に成功し、アジアとの直接の香辛料貿易のルートを確保しました。その後ポルトガルは、南アジアや東南アジアで貿易拠点を武力で征服していきます。1510 年にはインド西岸のゴアを占領してここを貿易の拠点とし、1511 年には香辛料貿易の中心であったマラッカ王国を占領して、ついにはヨーロッパから遠く離れた東南アジアの香辛料産地へと勢力を拡大していきました。また、1515 年にはペルシア湾に入り口にあるホルムズを占領し、1543 年には日本の種子島へ漂着して鉄砲を伝えるなど、ポルトガルの勢力はインド洋から東アジアにいたる広大なアジア貿易のネットワークに参入していきました。

　こうしてポルトガルは、香辛料貿易で莫大な利益を獲得し、首都のリスボンは一時的に世界商業の中心の一つとして繁栄します。香辛料貿易で得られた利益について、16 世紀初頭のリスボンでの数値を挙げておきます。現地購入価格に船賃を足した原価と帰国後の販売価格を比較すると、コショウの利益率は262％、シナモンは 280％となり、原価の 3 倍弱の利益が得られたことになります。しかしより希少なクローヴは利益率がおよそ 460 〜 510％、ナツメグに至っては 4000％を超えるなどきわめて高い利益率となっています。つまりナツメグの場合は原価の 40 倍の利益が得られたわけです。香辛料貿易がいかに大きな利益をもたらしたかがわかると思います〔歴史の謎研究会編『図説歴史を変えた

図2　香料諸島の地図
出所：筆者作成。

大航海の世界地図』青春出版社、2007年、p. 17. ナツメグの利益率を600倍とする説もあります。ジャイルズ・ミルトン『スパイス戦争——大航海時代の冒険者たち』朝日新聞社、2000年、p. 16〕。

　しかし、ポルトガルのこうした貿易帝国には限界がありました。すでにアジアにおいては商業・貿易が高度に発展しており、西アジアからインド、東南アジア、そして東アジアに至るいくつもの貿易圏が存在し、ポルトガル人はそれにいわば「寄生」しただけだったのです。ポルトガルの最大の弱点は、アジア各地で取引できるような世界商品を持たなかったことにあります。この点は新大陸を支配して銀という世界商品を手に入れたスペインとは対照的です。そして17世紀になると、オランダの勃興によりポルトガルは徐々にアジア貿易から排除されていきます。

　他方スペインは、やはりインドへの最短ルートを開拓しようとしたコロンブスを援助したことでアメリカ大陸へと進出し、広大な植民地帝国を形成します。このことは「コロンブスの交換」という世界史上の大きな事象をもたらします。南北アメリカの自然環境・生態系全体の征服に帰結するわけですが、これについては次章で詳しく解説します。

　いずれにせよ、ポルトガルが開拓したインド航路によって、アジアとヨーロッパを結ぶ貿易ルートが変わりました。従来の地中海・紅海・アラビア海を経由

するルートからアフリカ大陸南端を経由する新しいルートへの大転換です。これにより地中海貿易で栄えたイタリアの都市国家は衰退し、代わってオランダやイギリス、フランスが台頭することとなって、ヨーロッパ諸国間の力関係が大きく変化したのです。

　アジアの香辛料貿易に関しては、新興国としてのオランダとイギリスが、ポルトガルやスペインに代わって台頭していきます。両国は香料諸島（**図2**）の支配権をめぐって激しく競合しますが、1623年のアンボイナ事件などを経て、結局オランダが勝利をおさめ、オランダは香料諸島への武力征服事業を遂行します（ミルトン、前掲書、参照）。先住民の殺戮、クローヴやナツメグの移植、その交易の独占など帝国主義的な政策が遂行され、その後20世紀までオランダはこの地域で強力な植民地支配を継続します。

　結論づけると、ヨーロッパ人たちのアジア産香辛料への憧憬が大航海時代をもたらし、さらにそれはヨーロッパ諸国によるアジアやアメリカの植民地支配につながっていったということになります。世界史の大きな潮流という点からみると、東洋の優位から西洋の優位へと潮目が大きく変わり、西洋が主導する近代世界の形成が始まっていきます。その意味で香辛料が世界史の流れを大きく変えたということになるわけです。

第9章

食のグローバル化のはじまり

「コロンブスの交換」

この章で学ぶこと

　前章の香辛料の例からわかるように、希少で特別に価値のあるものが遠い場所に運ばれることは古い時代から見られました。しかし、人間を含め数多くの植物や動物がはるばる海を越えて大規模に交流するようになるのは、15・16世紀の大航海時代以降のことです。

　そうした交流のなかで、さまざまな食べものの交流も引き起こされていきました。今日まで続いている食のグローバル化はこうして始まったわけです。

　本章ではこうした食べものの交流がどのように始まり、どのような結果をもたらしたのかを考察します。

本章のサブタイトルである「コロンブスの交換」とは何でしょうか。

香辛料を希求したヨーロッパ諸国が大航海時代を切り開き、非ヨーロッパ世界へと進出・侵略することによって、世界史の流れが大きく変わりました。人とモノが地球規模で動くようになり、それまでとは次元を異にした大規模なグローバル化が始まります。すなわち、多数の人間が長距離を移動し、それに伴って動物や植物、さらに微生物のレベルに至るまでさまざまなモノが、大陸を越え地球規模で交流するようになったのです。この事象のことを、著名な環境史家アルフレッド・W・クロスビーが、時代を象徴する人物の名前にちなんで「コロンブスの交換（Columbian Exchange）」と名付けたわけです。

「コロンブスの交換」は、人間も含め多くの新大陸の生物の絶滅や新大陸の生態系そのものの根本的改変などといった、地球規模での激変をもたらしました。それとともに、世界各地の政治や社会、文化もまた重大な変化を被っていくようになります。日本でも、たとえば鉄砲伝来によって歴史の流れが大きく変わりました。このように「コロンブスの交換」は世界史上きわめて重要な意義を持っています。ただ日本の世界史教科書では、この用語は残念ながら十分には紹介されているとはいえません。しかしインターネット上には、"Columbian Exchange" に関する情報が非常に多く提示されていますし、新旧両大陸間でさまざまな動植物が交換されている様子を世界地図上で示した画像や、英語で説明した動画も数多くアップされています。興味のある人はぜひアクセスしてみてください。

1 食からみた「コロンブスの交換」

この「コロンブスの交換」は食の分野においても大きな変化をもたらしました。おおまかにいえば、それまで新旧の各大陸ごとに独自に生産され消費されていた多くの食物が海を越えて大規模に交換されるようになり、各地の食文化もまたこの交流を通じて大きく変化していくことになりました。現代まで続く食のグローバル化の道がこれによって開かれたともいえます。さらに、こうした食物の大規模な交流という新たな展開を、農耕・牧畜の開始と並ぶ「第2次

食物革命」とする見解もあります（P·J·ペルト＆G·H·ペルト「文化・食物・健康」、ロマヌッチ＝ロス他編著『医療の人類学』海鳴社、1989年、p. 250）。本章では、食物がどのように交換され、それがどのような結果をもたらしたのかを検討していきたいと思います。

　この変化はヨーロッパを軸に考えると以下の3つの流れに整理することができます。

　1　アメリカ大陸からヨーロッパへ伝播した飲食物。
　　　これはその後ヨーロッパ経由で全世界へ伝播します。
　2　アジア・アフリカからヨーロッパへ伝播した飲食物。
　　　これもその後ヨーロッパ経由で全世界へ伝播します。
　3　ヨーロッパから新大陸へ伝播した飲食物および動植物。
　　　これらは新大陸の環境を激変させることになります。

アメリカ大陸からヨーロッパへ伝播した飲食物

　まず最初の、アメリカ大陸原産の食物の世界的な広がりについて考えてみます。われわれが今ごく普通に食べている食物のうち、驚くほど多くのものがアメリカ大陸の原産です。つまり16世紀以前には旧大陸には存在さえしていなかったのです。その中でも後の世界の食文化に大きな影響を与えた代表的なものとしては、トウモロコシ、ジャガイモ、トマト、トウガラシ、カカオの5つが挙げられるでしょう。これらはさまざまな形で毎日のようにわれわれの食卓に登場しています。

トウモロコシ

　まずトウモロコシですが、原産地はメキシコから南米北部とされ、アメリカの先住民文明を支えた主要穀物の地位にありました。コロンブスが第1回航海の帰路に持ち帰り、ヨーロッパでは地中海地域から栽培が広がりますが、パンの材料にはならないので穀物としては低い地位に甘んじます。しかしその後世

界中で生産されるようになり、今や米や小麦と並んで世界の三大穀物の一つという地位を得ています。家畜の飼料としても重要で、世界の畜産を支えていますし、デンプンや甘味の原料として、さらにはバイオエタノールの原料としても広く利用されています（シルヴィア・ジョンソン『世界を変えた野菜読本』晶文社、1999年、pp. 21-44）。

ジャガイモ

　ジャガイモもまた、主たるカロリー源として今や三大穀物と並ぶ重要な地位を占めています。原産地はアンデス高地でB. C. 5000年頃に栽培化されました（山本紀夫『ジャガイモのきた道——文明・飢饉・戦争』岩波新書、2008年、p. 22）。16世紀中にはヨーロッパへともたらされましたが、未知の食物に対する忌避感が強く、アイルランドなど一部を除いては食物としてはなかなか認められませんでした。しかし、18世紀後半ごろから徐々に受け入れられるようになり、民衆の食生活に浸透していきます。世界各地にも広まり、現在では食材やスナック類などとして世界中の人々の胃袋を満たしています。

トマト

　トマトはどうでしょうか。トマトの原産地は、野生種の起源がアンデス高地で、その後メキシコで栽培化されたと考えられています（橘みのり『トマトが野菜になった日』草思社、1999年、pp. 57-9）。16世紀にヨーロッパにもたらされますが、トマトも最初は忌避されます。しかし、18世紀後半にナポリでトマトソースがパスタと結びつき、イタリアでの消費が急成長するなど（池上俊一『パスタでたどるイタリア史』岩波ジュニア新書、2011年、pp. 85-6）、現在では地中海地域の食文化にとってなくてはならない食材となりました。

トウガラシ

　前章でも少しだけ触れましたが、新大陸の香辛料の代表であるトウガラシもまた、世界各地で食文化の変化をもたらしました。栽培化されたのは、ペルーではB. C. 8000-7500年頃、メキシコではB.C.7000年頃とされ、中南米最古の

栽培植物と考えられています。やはりコロンブスが第1回航海でトウガラシを
ヨーロッパに持ち帰り、16世紀中頃にはスペインで広く栽培されるようになり
ましたが、ヨーロッパではイタリア南部やハンガリーを除いてあまり定着しま
せんでした。ただしハンガリーでは、トウガラシの辛さを抑えたパプリカが開
発され、第1章でみたようにこれを使ったグヤーシュが国民的料理となってい
ます。しかし、トウガラシが食文化の変容をもたらしたのはむしろヨーロッパ
外の地域です。たとえばインドや東南アジア、中国・四川地方や朝鮮半島の食
文化はトウガラシの導入によって大きな影響をこうむったと考えられます（山
本紀夫『トウガラシの社会史』中公新書、2016年、および同編『トウガラシ讃歌』八
坂書房、2010年、など参照）。

カカオ

　最後にカカオですが、もちろん現在では甘いチョコレートの原料として、や
はり世界中で愛される存在です。原産地は中米のメソアメリカと呼ばれる地域
で、アステカでは、神々への供物とされたり貨幣としても使われたりしており、
きわめて貴重な存在でした。カカオから作られる飲料は、王や上層の人々しか
飲むことはできませんでしたが、泡立てられトウモロコシの粉やトウガラシを
混ぜるなど、今日からは想像し難い姿をしていました。ヨーロッパに伝わると、
砂糖を入れるようになり、やはり飲料として宮廷などで広まりますが、19世紀
になるとミルクとも結びつくようになります。そして、種々の技術革新を経て、
今日のような甘く滑らかなチョコレートへと進化していったのです（ソフィー・
D・コウ＆マイケル・D・コウ『チョコレートの歴史』河出書房、1999年、および武
田尚子『チョコレートの世界史』中公新書、2010年、参照）。

　アメリカ原産の食物としては、他にキャッサバ（マニオク）、サツマイモ、カ
ボチャ、インゲン豆、落花生、パイナップル、パパイヤ、ヴァニラ、アボカドといっ
た日本でもおなじみの作物、野菜・果物類が顔をそろえています。このように、
新大陸原産のさまざまな食物が、現在の世界各地の食文化を支えているのです。

　ちなみに、食物以外のアメリカ原産のものとして、タバコもまた代表的な
嗜好品として人類史に大きな影響を与えてきましたし、あとマラリアの特効薬

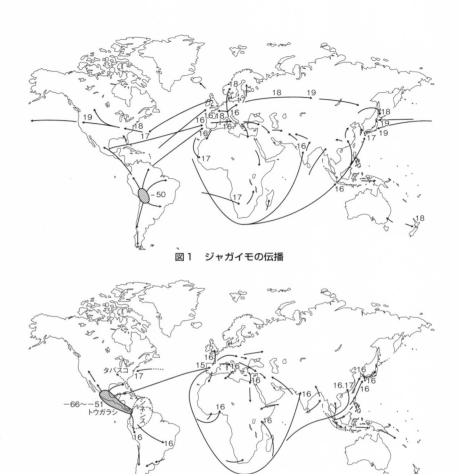

図1　ジャガイモの伝播

図2　トウガラシの伝播

出所：図1、2ともに
星川清親『栽培植物の起源と伝播』二宮書店、1987年、pp.114-5,148-9）より再作成
地図中の斜線部分は栽培化が始まった地域、数字はその時期を示す（「− 20」は紀元前 20 世紀を示す）、
その他の数字はその地に伝播した世紀を示す

としてのキニーネは、ヨーロッパ列強がマラリアが猖獗をきわめる地域を植民
地化することに寄与したといえます。さらに生ゴムもアメリカ原産ですが、こ
れは車に取り付けられてスムーズな運搬手段を生み出し、さまざまな技術革新
に貢献しました（酒井伸雄『文明を変えた植物たち』NHK ブックス、2011 年、pp.
51-87）。

　さてこれらアメリカ原産の作物はどのようなルートで世界中に拡散していったのでしょうか。代表例としてジャガイモとトウガラシの伝播ルートを示しておきます（**図１**と**図２**）。このようにアメリカ原産の種々の飲食物やその他の産物は、「コロンブスの交換」の重要な一翼を担いますが、それらはほぼ類似したルート、すなわち前章でみたポルトガルが開拓した「インド航路」を通ってヨーロッパから全世界に伝播したのです。

アジア・アフリカからヨーロッパへ伝播した飲食物

　しかし「コロンブスの交換」による食文化の変容は、アメリカ原産の食物だけによってもたらされたものではありません。飲料まで視野を広げると、アジアやアフリカ原産のものもまた大きな役割を演じたことがわかります。とくに、この時期以降のヨーロッパ社会で広く受け入れられ、さらに近代ヨーロッパ文明の影響のもと世界中で広く飲まれるようになった飲料、すなわちコーヒーと茶が重要です。食からみた「コロンブスの交換」を整理した前記の２つめの流れがこれにあたります。

　アフリカ東部エチオピア高原原産のコーヒーは、アラビア半島に伝わり西アジアのイスラーム圏で普及した後、17世紀以降ヨーロッパ世界でも定着していきました。中国西南部原産の茶もまた、アジアとの交易ルートに沿ってやはり17世紀にヨーロッパ世界へと紹介されます。この両者とも、非アルコールの温かい飲み物として、17・18世紀のヨーロッパ諸国で市民層を中心に広く普及するようになり、ワインやビール、エールなどを中心としたそれまでの伝統的な飲料文化を大きく変化させました。コーヒーや茶は、人と人とを結びつける社交の場で消費され、それを通じてヨーロッパ近代の社会、政治、文化の基盤を作り上げることにも貢献し、ヨーロッパ諸国の生活文化に不可欠な要素となります。そして、欧米列強が非ヨーロッパ地域を植民地化していくにつれて世界中で普及し、あたかも西洋文明を象徴するような飲料として受け入れられていったわけです。

　コーヒーや茶は、このようにヨーロッパ社会でまず受け入れられ、そこから

世界全体へと拡がっていったわけですが、そこできわめて重要な役割を演じたのが砂糖です。どちらも本来苦い飲料なので、甘みを入れることによって飲みやすくなるからです。サトウキビはニューギニア島原産ですが、インドで栽培が広まりそこから西の方へと伝播していきました（第8章参照）。イスラーム世界で広く普及し、当時は彼らの海であった地中海世界で広く栽培されていきます。十字軍以降ヨーロッパ世界でも知られるようになり、大航海時代以降は大西洋を渡ってアメリカに移植され、ブラジルやカリブ海地域などのプランテーションで大量に生産されるようになりました。コーヒーもまた同じくアメリカでも生産されるようになります。

　ここで忘れてはならないのは、こうしたプランテーションは奴隷労働によって成り立っていたということです。もともとこの地にいた先住民はヨーロッパ人が持ち込んだ感染症などでほぼ絶滅状態になったので、奴隷貿易によって大勢のアフリカ人がアメリカへ連れてこられ、奴隷としてプランテーションでの過酷な強制労働に従事していたのです（川北稔『砂糖の世界史』岩波ジュニア新書、1996年；シドニー・W・ミンツ『甘さと権力——砂糖が語る近代史』平凡社、1988年、参照）。茶はイギリスの植民地となったインドなどで、これも安価に生産されるようになりました。こうして砂糖やコーヒー、茶が低コストで大量生産されるようになると、ヨーロッパではその消費が労働者層など社会の下層の人々の間にも広がっていきます。砂糖を入れて甘くしたコーヒーや紅茶を飲むことがヨーロッパ的食文化の不可欠の構成要素となっていったわけです。この点で、食の歴史は奴隷制や植民地支配といった暗い歴史的事実とも関連しているといえます。食は、決して楽しい、明るいだけのものではないことを理解する必要があります。

ヨーロッパから新大陸へ伝播した飲食物および動植物

　「食」からみた「コロンブスの交換」の3つめの流れは、ヨーロッパ人が新大陸に自分たちの食料となる動植物を持ち込んだことから生じました。前記の1つめの流れとはちょうど逆方向のベクトルとなり、多くの作物や家畜がヨー

ロッパから新大陸へと伝播していきました。これもまた食の世界史できわめて重要な出来事と言えます。

　具体的にいうと、小麦や大麦などヨーロッパで栽培されていた種々の穀物、牛や豚、馬、羊などヨーロッパで飼育されていた家畜類が新大陸へと持ち込まれました。これらはいずれも入植したヨーロッパ人たちによって広範に栽培・飼育され、それまで新大陸（南北アメリカ、オーストラリア等）に生息していた従来の土着の動植物を圧倒していきます。この動きの一環として、もっと後の時代となりますが、米や大豆といった東アジア原産の食物もまた、新大陸でも栽培されるようになりました。

　その結果 19・20 世紀になると、南北アメリカやオーストラリアなどの新大陸は世界的な穀倉地帯かつ食肉生産地帯へと変容し、人類の食を支えるような位置を占めるようになりました。たとえば、2018 年の国別牛肉生産量（年間）を見ると、１位がアメリカで約 1200 万トン、２位がブラジルで約 1000 万トンとなっており、さらにアルゼンチンは約 300 万トンで５位、オーストラリアが約 230 万トンで６位、メキシコが約 200 万トンで７位というように、新大陸諸国が上位を占めているのです。新大陸にはもともとは牛はいなかったわけですから、およそ 500 年の時を経て、地球上の食料生産のあり方が大きな変貌を遂げたということになります。

2 「コロンブスの交換」が新大陸にもたらした悲劇

　ここまで飲食物を中心に「コロンブスの交換」を見てきましたが、もう少し範囲を広げて、この新旧両大陸の交流を微生物のレベルからみてみたいと思います。そうすると「コロンブスの交換」によって新大陸側にもたらされたきわめて悲惨な結果が浮かび上がってきます。すなわち、ヨーロッパ人が持ち込んだ病原菌やウイルスによる感染症が新大陸で蔓延し、それらに対する免疫を持っていなかった新大陸の先住民の間で多くの死者が出ることとなったのです。先住民人口は激減し、ほぼ絶滅状態になったとさえいえます。とりわけ猛威を振るったのは天然痘です。**図３**は天然痘の犠牲となったアステカ人を描いた絵

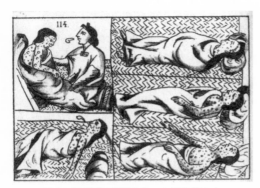

図3　天然痘の犠牲となったアステカ人
出所：アルフレッド・W・クロスビー『ヨーロッパ帝国主義の謎』岩波書店、1998年、口絵図9

ですが、全身に水痘ができ高熱を発して死亡する天然痘の症状が描かれています。さらに麻疹やその他の感染症も先住民の命を奪っていきました。

　この事実は、現在の新型コロナウイルス（COVID-19）のパンデミックを想起させる出来事でもあります。序章でも述べましたが、農耕の開始や定住・都市の成立などによって人類は感染症に侵されることが運命づけられました。しかし長い時間の経過とともに、免疫ができたり毒性が弱まることによって、人類は病原菌やウイルスと徐々に共存するようになってきました。ただし、免疫を持たない人間集団に病原因やウイルスが襲いかかったときには、たとえば14世紀中葉のヨーロッパにおけるペスト大流行のように（第5章参照）、とてつもない被害が出ることも頻繁に生じました。「コロンブスの交換」の中で、新大陸の先住民たちが旧大陸の病原菌・ウイルスによって絶滅状態に追い込まれたのもそうした事例の一つといえます。人間が免疫を持っていない新しい感染症の恐ろしさは、現在の新型コロナウイルスの猛威から実感できることと思います。

　このように「コロンブスの交換」は単に新しい食物が新大陸からヨーロッパへ伝わったということだけではなく、新大陸の先住民が絶滅に追いやられたという悲劇を生んだことになります。こうしたことを踏まえて「コロンブスの交換」の世界史的意義はどのように考えられるでしょうか。

　一言で言いあらわすと、一方的にヨーロッパが恩恵をこうむるという極端な不等価交換であったといえるのではないでしょうか。つまり、ジャガイモやトウモロコシといった新大陸原産食物のヨーロッパへの導入によって、長期的にヨーロッパの食料事情は改善され、トマトやトウガラシなどによって食文化は多様化し豊かになりました。また、新大陸に導入されたヨーロッパの穀物と家

畜は大成功を収め、その結果、新大陸で生産された大量の安価な穀物・肉がヨーロッパへ再輸出されることによって、19世紀後半以降ヨーロッパでは全般的に食生活の向上がみられるようになりました。このようにヨーロッパ世界は大きな利益を得ることができたわけです。

　逆に新大陸側は一方的に甚大な被害を被ったといえます。スペインによるアステカ王国やインカ帝国の征服、その後のヨーロッパ列強諸国による新大陸全体の植民地化といった直接的侵略はいうまでもなく、ヨーロッパ人たちがもたらした病原菌やウイルスによる先住民人口の急激な減少・絶滅といった出来事をみると、いかに「コロンブスの交換」が新大陸側に不利益をもたらしたかが理解できるでしょう。

　しかしこの問題は、より大きな生態系の問題としてとらえる必要があります。旧大陸との接触によって新大陸の生態系全体が根本的に改変されたのです。簡単に説明するとこういうことです。「コロンブスの交換」は新旧両大陸の生物同士の交流を促します。交流という穏やかな言い回しより競合ないし生存競争と表現した方がよいでしょう。その生存競争の結果は一方的で、だいたい旧大陸側の生物が勝利します。ヨーロッパ人が持ち込んだ食用の植物・動物は、新大陸の環境に適応して（もちろん人間の手も借りつつ）大繁殖することとなります。その一方で新大陸側の生物は競争に負けて絶滅したり、片隅に追いやられてしまったのです。ヨーロッパ、あるいは旧大陸の生物相の一方的拡張・勝利というこの現象を、先ほど紹介した環境史家のクロスビーは「生態学的帝国主義（Ecological Imperialism）」と表現しました（アルフレッド・W・クロスビー『ヨーロッパ帝国主義の謎――エコロジーから見た10〜20世紀』佐々木昭夫訳、岩波書店、1998年、参照）。

3 生態学的帝国主義とネオ・ヨーロッパ

　クロスビーは、この生態学的帝国主義の結果として「ネオ・ヨーロッパ」というものが成立したと論じています。「ネオ・ヨーロッパ」とは、新大陸の温帯地域で、ヨーロッパとほぼ同じ緯度で同じ気候の地域のことを指す地理的概

念です。具体的にはアメリカ合衆国、カナダ、オーストラリア、ニュージーランド、アルゼンチンなどの国々で、いずれもヨーロッパ系の住民が多数を占め、ヨーロッパ的な文化や社会が支配している地域です。それらの地域のもともとの生物相はヨーロッパのものとはまったく異なっていました。しかし、現在はヨーロッパと同じような自然と社会が存在しています。

　クロスビーによると、ヨーロッパ人が新大陸へ進出すると、新大陸側において２つの重要な現象が生じました。一つは先住民の急速な衰退と移住したヨーロッパ人の優位です。こうしてヨーロッパ系住民が人口の大部分を占めるようになり、「ヨーロッパ以上にヨーロッパ的な」社会が形成されました。そしてもう一つはヨーロッパ的な農業と牧畜の大成功です。その結果、新大陸は大量の食料を供給することのできる世界的な大穀倉地帯となりました。要するに、人間をはじめ広範な生物群が一方的にヨーロッパから新大陸へ移動しそこで繁栄するようになりました。こうして「ネオ・ヨーロッパ」と称される地域が成立したわけです（クロスビー、前掲書、pp. 2-9）。

　クロスビーはさらに、このように新大陸の生態系がすっかり改変され、生態系全体がヨーロッパ化してしまったという「生態学的帝国主義」の背後には、「実はある生物学的、生態学的な要素がひそんでいる」（同上、p. 9）と述べています。彼はそれを、植物・動物・微生物の３つのレベルに分け、それぞれ雑草、家畜、疫病を例として考察していきます。その内容を簡単に紹介します。

雑　草

　まず雑草に関するクロスビーの説明です（クロスビー、前掲書、pp. 178-209）。「雑草」というのは通俗用語で、特定の植物種を指すわけではなく、「種にかかわらず乱された土地に他よりも急速にひろがる種」（同上、p. 182）のことです。ヨーロッパは大航海時代より遙かに以前から雑草をたくさん持っており、そして新旧両大陸の接触後それが急速に新大陸で繁茂するようになりました。たとえば、「カナダで耕地となるべき土地に生える重要な雑草の 60% がヨーロッパ原産」で、「アメリカ合衆国では同じような雑草 500 種のうち 258 種が旧世界から来た種類でヨーロッパ原産は 177 種」、「オーストラリアでは帰化植物の総数は約

800種で……多くはヨーロッパ原産だった」とされています（同上、p. 201）。これに対し、新大陸から旧大陸へ移動して繁茂した雑草はほとんどないとクロスビーは指摘しています。

家　畜

　次に家畜に関する叙述です（同上、pp. 212-39）。クロスビーは、「食用、皮革、繊維……荷役など、ほとんどあらゆる用途でアメリカ、オーストラリアの家畜は旧世界の家畜に劣っていた」（p. 213）と述べています。豚は、食肉用としては最も有用な家畜ですが、これに関しては、「白人の到着のあと間もなく、おびただしい豚の群れが見られ」（p. 215）、野生化した豚も出現し、これも植民者の重要な食料資源となったと述べられています。牛については、新大陸で家畜としての牛が増加しただけではなく、野生化した野牛の群れが大繁殖したことが指摘されています。馬についても、野生馬が大繁殖したことが強調されています。「たいていどこの植民地でも馬は速やかに繁殖した」（p. 225）として、北米ではムスタング、豪州ではブランビーと呼ばれた野生馬の群れが大地を駆け巡っていたことが紹介されています。

　全体として、「野生に戻った家畜の四足獣については……ネオ・ヨーロッパの地に驚くほどよく適応し……逆に新しい土地も家畜たちをよく迎えたこと」（p. 230）は明らかであり、ヤギ、イヌ、ネコ、ラクダ、ウサギ、ニワトリなども同様であるとされます。クロスビーはさらに四足獣ではありませんが、ミツバチの例にも言及しています。また、新大陸側の動物相が貧弱であったことは、とくにオーストラリアにおいて顕著で、そのことはより原始的な有袋類（カンガルーなど）やカモノハシが生息していたことに示されているとも指摘しています。

疫　病

　３つめの例としては「疫病」が挙げられます（同上、pp. 242-67）。これについてはすでに前に触れましたので、クロスビーの叙述を紹介するだけにしておきます。「病原菌の成功ということが、海外でのヨーロッパ人帝国主義者の成功

の裏にひそむ生物地理学的な現実の力なるものを、まざまざと見せつけてくれる……これら帝国主義者たちがどれほど残忍かつ狡猾であったにせよ、先住民を一掃してネオ・ヨーロッパの地を開き、後からやってくる者の人口学的乗っ取りにまかせたのは、帝国主義者自身ではなく、彼らの持つ細菌の力だった」(p. 242)、以上のように述べられています。

　さて、このように旧大陸側の動植物と微生物が新大陸側のそれらを圧倒してしまったわけですが、その原因はどこに求められるのでしょうか。クロスビーによると、ヨーロッパ人が到来して新旧両大陸の生物同士が接触を開始した時点で、「将来ネオ・ヨーロッパとなるべき土地の生物相は、ヨーロッパよりも構成メンバーが少ないという意味で、より単純だった」(p. 334)と指摘しています。ではなぜ新大陸の生物相は「より単純」だったのでしょうか。

　クロスビーは、新大陸に到達した人類が狩猟民として陸上動物の多くを絶滅に追い込んだことを一つの要因として指摘しています(pp. 334-44)。たしかにこれは有効な説明であろうと思われますが、それだけですべてを説明できるかというと少し不足しているように思われます。その点で、より包括的な説明をしているのが、生物地理学者として有名なジャレド・ダイアモンドの世界的大ベストセラー『銃・病原菌・鉄——1万3000年にわたる人類史の謎』(上・下、草思社文庫、2012年)です。ダイアモンドの研究は学際的で知的刺激に満ちた優れた内容といえます。その内容を簡単に紹介します。

　まず彼は、ヨーロッパが世界を植民地化しはじめた西暦1500年の時点で「技術や政治の発展において世界の大陸間の格差は存在していた」(上巻、p. 16)として、ユーラシア大陸が優位であったことを指摘します。そのうえで、「なぜ人類社会の歴史はそれぞれの大陸によってかくも異なる経路をたどって発展したのだろうか？」(同上、p. 17)と疑問を投げかけます。彼は、こうした格差は人種や民族による生物学的な差異では説明できず、環境による差異からのみ説明できるとして、環境史的な視点からの説明を試みます。彼が明らかに人種論的な見方を退けていることに留意しておく必要があります。結論的にいうと、ダイアモンドは次の3つの事象を大陸間で格差が生じてしまった要因として挙げています。

図4　大陸の拡がり
出所：ジャレド・ダイアモンド『銃・病原菌・鉄』、草思社、上、p.327 より再作成

①栽培化や家畜化の候補となりうる動植物の分布状況

②大陸の形態（東西に長いか南北に長いか）

③それぞれの大陸の大きさや人口

　まず①についてですが、ダイアモンドは栽培化された植物や家畜化された
動物の大陸ごとの分布状況の相違を詳細に考察し、中東の「肥沃な三日月地帯」
に代表されるユーラシア大陸が植物の栽培化や動物の家畜化において有利な環
境にあったと結論づけました（植物の栽培化に関しては、第7章・第8章、pp.
204-88；動物の家畜化に関しては、第9章、pp. 289-325）。

　②の大陸の形態については、東西に長いか南北に長いかによって伝播や拡
散の速度の大きな違いがもたらされるとしています（**図4**）。緯度が同じであれ
ば日照時間や季節の変動が同じ、気温や降雨量、生態系などの環境も類似する
ことが多いため、東西に長いユーラシア大陸では作物・家畜や技術が伝播しや
すかったとされます。じっさい肥沃な三日月地帯で栽培化された作物は、西は
アイルランドから東はインダス渓谷まで急速に東西に伝播しました。これに対
し南北方向への作物・家畜や技術の伝播は容易ではなく、たとえばアフリカ大
陸では、肥沃な三日月地帯で栽培化された作物はエジプトやエチオピアには達
したが、熱帯アフリカへは伝播しなかったとされます。また南北アメリカ大陸

では、アンデス地方とメキシコ高原の間の伝播は中米の熱帯低地にさえぎられて困難であり、また、メキシコで栽培化されたトウモロコシは北米へは到達が困難であったとされます（同上、第10章、pp. 326-65）。

　③それぞれの大陸の大きさや人口についていえば、面積や人口の大きい大陸の方が競合が多く技術などが発達しやすいのに対し、最小の大陸であるオーストラリアは発達速度が遅くなることが指摘されています（同上、下巻、第15章、pp. 156-208）。

　こうして大陸ごとの生物相や人間集団の文明の発達速度の違いが引き起こされた結果、「コロンブスの交換」が始まると旧大陸の生物が新大陸のそれを圧倒し、旧大陸の文明が新大陸の文明を滅亡させるという事態が生じたわけです。

　ダイアモンドの著作の内容をずいぶん端折って紹介したため、いささか乱暴な説明になってしまいました。ただいずれにせよ、「コロンブスの交換」による新旧両大陸の生物や人間集団の接触・交流を通じて、非常に不均等な結果が生じてしまったことは事実といえます。このことが食の歴史においても非常に大きな変化をもたらしたことを再度確認しておきたいと思います。

　さて、こうして旧大陸、とくにヨーロッパにとって有利な形で近代世界が形成されていったわけですが、19世紀以降ヨーロッパの優位はいっそう強まり、世界全体がヨーロッパの列強諸国による植民地化の波をかぶっていくことになります。と同時に、ヨーロッパ内部においても、政治や文化、社会全体で近代化が進行していきます。次章以下で、ヨーロッパにおける近代社会の形成の問題を、食という視点から考察していきたいと思います。

工業化による食の変容

食からみた近代ヨーロッパ社会の成立（1）

キーワード

工業化

●

パ　ン

●

ビール

●

缶　詰

●

インスタント調味料

●

冷蔵・冷凍技術

この章で学ぶこと

　この第10章からは、近代社会における食の変容について考えていきます。時期的には19〜20世紀のお話になります。おおまかにいえばこの時期に「食の近代化」といえるような現象が出現し、それは現代のわれわれの食生活にも大きな影響を与えてきました。その現象が最初に出現し進展していったのはヨーロッパ、とくに経済や社会の近代化が早くに進行したイギリス、フランス、ドイツなど19世紀の西ヨーロッパ諸国です。

　そこで、こうした国々で食にかかわるどのような変化が生じたのかを追究し、それを通じて食からみた近代ヨーロッパ社会の成立を考察していきたいと思います。

近代社会における食の変容について検討するにあたって、とりあえずここで
は考察の対象をヨーロッパに限定します。ただし、こうした食の変化はヨーロッ
パ以外の地域も拡がっていき、たとえば近代以降の日本においても、基本的に
同じような現象が生じていきます。要するに普遍的な世界史的現象といえるわ
けです。

　さて19世紀のヨーロッパは近代に向けて大きな変化を遂げました。ここで
はおおまかに以下の4点にまとめてみたいと思います。

　　1　工業化（産業革命）：農業中心の社会から工業中心の社会への転換
　　2　都市化：都市人口の拡大、都市生活基盤の革新、都市的生活の普遍化
　　3　科学化：近代科学の急速な発展による社会への影響
　　4　国民国家化：政治や社会のさまざまな面での国民統合の進展

これらはいずれも食の変容と深くかかわる現象です。第10章ではこのなかで
工業化が食の世界にもたらしたいくつかの変化について検討することとします。

1　工業化の社会的影響

　食の問題に入るまでに、まず全般的な考察から始めましょう。工業化は社会
にいかなる変化をもたらしたのでしょう。最初に産業革命を経験したイギリス
を例として考えてみます。ちなみに「工業化」という用語と「産業革命」とい
う用語の区別ですが、これにはさまざまな議論が絡み合っており、厳密に定義
づけようとするとたいへんな作業が必要となります。ここでは、長期的な変化
を問題とする場合は前者を、短期的な変化を扱うときは後者の用語を用いるこ
ととします。

　産業革命において、蒸気機関の発明と機械による工業製品の生産が決定的に
大きな変化をもたらしました。これによって、従来動力を水力や風力、家畜に
頼っていた人類は、化石燃料による巨大なエネルギーを手に入れることができ、
工場で機械によってさまざまな製品を大量生産できるようになりました。交通

手段が発展し、大量の物資を高速で長距離輸送することも可能になり、世界各地を結ぶ産業、貿易、文化の交流が可能になりました。そしてイギリスは「世界の工場」として強大な経済力を獲得し、大英帝国の栄華を実現したわけです。

　しかし、産業革命がもたらした変化はもっと大きな、そして長期的な視点からみていく必要があります。工業化によって、それまでの農業を中心とした社会から工業を中心とした社会への転換が生じました。これは社会のさまざまな面での変化をもたらしました。すべてを見ることはできないので、いくつかの点だけに絞って考えてみます。

　まず工場労働の誕生です。農業労働は自然のリズムに従ったものですが、工場での労働は人間が定めた時間に縛られます。したがって労働時間が管理されるなど、新しい労働規律が必要となります。イギリスに典型的にみられた現象ですが、とくに工業化の初期には長時間労働や低賃金、児童・女性労働に代表されるような過酷な労働環境が蔓延していました。貧困状況に置かれた労働者は病気やケガに対する保証もなく、厳しい現実から逃避するために飲酒・アルコール中毒に陥るものも多く、大きな社会問題が生じていました。

　こうした労働者の置かれた悲惨な実態は、たとえばフリードリヒ・エンゲルスの著した古典的名著『イギリスにおける労働者階級の状態』（岩波文庫）などに描かれています。富める者はますます栄え、労働者はますます貧困化するという、社会的格差の拡大が深刻化し（これは形を変えて21世紀の現在においてもまた生じています）、そうしたなかで社会的平等を志向するさまざまな社会主義思想が誕生していったのがこの時代です。労働者の側からも労働組合によって自分たちの状態の改善のための努力がなされるなどの動きも拡大していきました。その結果として、19世紀後半にはイギリス、フランス、ドイツなどで労働者政党が結成され、政治的影響力を増していくといった現象も生じました。他方、政府の側もまったく何もしなかったわけではなく、イギリスではたとえば1833年の工場法（子どもの労働時間の制限などを規定）や1871年の労働組合法（労働組合の法的地位の承認）の制定など、工場労働にかかわる社会的弊害の緩和のための一定の措置が取られました。

　工業化のもう一つの弊害と考えられるのが環境汚染です。それまでは自然の

力がエネルギー源でしたが、蒸気機関の発明とともに化石燃料、とくに石炭の利用が拡大することによって大気汚染が深刻化しました。20世紀に入ってからの事件ですが、ロンドンでは1950年代にスモッグが深刻化し年間4000人もの死者が出たほどでした。また工場の廃棄物や家庭のゴミにより河川が汚染されるといった事態も生じました。現在の地球温暖化問題も、その起源を探るとこの工業化に行きつきます。

　しかしこうした弊害の一方で、工業化によって新しい産業が生まれ、経済が成長していったことも事実です。経済成長は新たな雇用を生み出し、より多くの人口を養うことが可能になります。ヨーロッパ世界では、工業化の始まる前の18世紀から19世紀初頭にかけて農村部を中心に慢性的な過剰人口が存在し、貧しい人々が移民として新大陸へと向かいましたが、19世紀後半に経済成長が実現していった先進的な西欧諸国では、工業部門での雇用が拡大し、移民の中心は経済成長がいまだ進まない南欧や東欧諸国へと変化しました。このように長期的にみると工業化による経済成長を実現した国々では、全般的に経済的な豊かさがもたらされるようになっていました。もちろんそうした国々でさえ、巨大な貧富の差や低賃金・失業による貧困といった問題が未解決のまま残されていったこともまた事実です。

　農業から工業へと産業の中心が変化する中で、家のあり方もまた変化しました。おおまかにいえば、それまでは職住が一致し、家は消費の場であると同時に生産の場でもあったわけですが、工業社会では職場と家が分離し、家は消費の機能だけを担うようになります。それによって、男性が家の外で生産労働に従事し、女性は家庭で消費と子育てに従事する、という性別役割分担が固定化する傾向が強まりました。もちろん労働者層の場合、女性労働も広く行われており中産市民層との違いも大きいですが、全般的にみれば生産から切り離された専業主婦という存在が多くなっていきます。こうして工業社会の拡大によって性別役割分担の観念が強まり、女性の社会的地位がむしろ低下するという現象が生じました。とはいえ、中産市民層などの女性を中心に女性参政権を要求するような運動があらわれ、男女平等を求める動きも拡大していきます。

　ここまで概観してきたように工業化は社会全体に大きな変化をもたらしまし

た。では食の分野ではどのような変化が生じたのかを次に見ていきましょう。

2 工業化による食の変貌

　産業革命が繊維工業から始まったことはよく知られています。世界史の教科書でも、産業革命の章は、必ずといってもよいほどジョン・ケイの「飛び杼」の話から始まり、さまざまな紡績機の開発というように話が展開していきます。対照的に、食品部門は最も遅く産業革命の波が及んだ部門といわれます。伝統的な食品製造が根強かったわけです。しかしそうした伝統的な食品製造部門においても、新しい技術が導入されていき、従来とは異なった生産方法がしだいに普及していくことも多く見られました。その例としてパン製造とビール醸造について少し詳しく検討します。それとは異なり、缶詰のように新技術によってまったく新しい加工食品の製造も始まりました。これについても紹介していきます。

- -

パ　ン

　最初にパン製造業における近代的技術の導入からみていきます。製パン工程は、製粉→パン生地作り→酵母による発酵→パン焼きという順になっていますが、これらの各工程に近代的技術が導入されていきます。まず製粉ですが、以前は水車や風車によって製粉していたところへ、蒸気力が導入されることによって効率が上昇します。次の工程のパン生地作りにおいて、生地を捏ねる作業はたいへんな重労働でした。ここにも機械が導入されていき生産性が格段に向上します。酵母による発酵においては、人工的に培養した酵母が利用されるようになります。最後のパン焼きの工程においては、パン焼き窯はかつては石造りで燃料は薪でしたが、石炭が燃料となり、窯（オーブン）も改良されていきます。たとえば、パン生地を入れる箱を組み込んだ鉄製箱型オーブン（食パン用）、筒形連続オーブン、蒸気の出し入れ可能な蒸気オーブン（バゲット用）、などなどです（舟田詠子『パンの文化史』朝日選書、1998 年、pp. 234-7）。このよ

うにパン製造工程において近代的技術が利用されることでパンの工業的生産が拡大していったのです。

ビール

　次にビール醸造における近代化についてみていきます。醸造技術にかかわる少し複雑な話になるので、ドイツを例にビール醸造の歴史的変遷から説明していきます〔以下の叙述は主に、「19・20世紀のドイツにおけるアルコール消費」という研究論文（章末文献1）に依拠しています〕。

　伝統的飲料としてのビールはゲルマン人の時代からありますが、ビールの製造技術が発展したのは中世の修道院で、殺菌効果や爽やかな苦みをもたらすホップの利用が始まりました。15世紀後半頃から下面発酵ビールがバイエルンで生産されるようになります。これは冬の低温を利用してゆっくり発酵させたビールで、酵母が発酵桶の底に沈むので下面発酵ビールと称されます。それに対し従来のビールは発酵が進むと泡に酵母が付着して浮き上がるので上面発酵ビールと称されます。このタイプのビールは雑味が少なく品質が安定しており、保存性にも優れ、そのため貯蔵庫を意味するラガービールとも呼ばれますが、それによって南ドイツのビールの品質が向上しました。

　そうした流れの中で、1516年バイエルンのヴィルヘルム4世が有名な「ビール純粋令」を公布します。これはビールの原料を大麦、ホップ、水だけに限定すべしとするもので、現在までドイツビールはこれを遵守しています。その条文の一部を孫引きですが示しておきます。

　　とりわけ余が願うのは、今後わが諸都市、マルクトおよび田舎のいたる所で、ビールのために大麦の麦芽、ホップ、水以外の原料を使い醸造してはならぬことである。しかるに、余のこの規則を故意に無視し、守らぬ者は罰としてその者の裁判当局により、無視する度に容赦なくそのビア樽を没収するものとする」（森貴史・藤代幸一『ビールを〈読む〉——ドイツの文化史と都市史のはざまで』法政大学出版局、2013年、p. 253）。

　ただし品質に優れた南ドイツのビールがすぐに普及したわけではありません。17世紀前半のドイツは三十年戦争によって国土が荒廃しビール醸造業も大きな打撃を受けて、17世紀から19世紀初頭にかけてのドイツのビール醸造業は全体的に長期低落傾向に陥っていました。また、この時期ビール生産の中心は北部・中部ドイツでしたが、18世紀後半からこれらの地域でジャガイモが徐々に普及しはじめ、食料としてだけではなくジャガイモを原料とする蒸留酒の生産がドイツ北部や北西部、東部で拡大していきます。安価な蒸留酒の消費が拡大し、ビールは民衆の飲料の地位を蒸留酒に奪われつつありました。ただし、南ドイツのバイエルンではビールが重要な地位を維持します。その理由としては、第2章で述べましたが、南ドイツではジャガイモの普及が遅れたこと、そして上記のように質の良いラガータイプの下面発酵ビールが優位であったことが挙げられます。

　ドイツにおけるビール醸造の近代化プロセスについて簡単に説明します。バイエルンを除き醸造技術が遅れていたドイツでは、19世紀前半には先進的なイギリスの技術を導入します。さらに、これは次章で触れますが科学の発展を背景として、温度計や糖度計などの利用といった技術革新が進み、微生物学や醸造学の発達もビール醸造の追い風となりました。とくに、低温で活性化する酵母を利用して作られる下面発酵ビールの醸造には人工的な冷却技術が大きな役割を果たしました。それまで冬の間しか作れなかったラガービールが1年中製造できることになったのです。この冷却技術に関しては本章の3節で詳しく説明します。

　19世紀後半のミュンヘンでは、レーヴェンブロイやホーフブロイハウスなど今日でも名高い大規模醸造企業が誕生し、バイエルンの下面発酵ビールはドイツ北部でも市民層を中心に普及していきます。さらに、ビール瓶製造技術が英米から導入され、労働者を中心に簡便に入手できる瓶入りのビールの消費が伸びていきました。19世紀末から20世紀初頭にかけてビール消費量はピークを迎え、年間1人当たりの消費量は120リットルにも達しました。これに対し蒸留酒の消費は、アルコール依存症といった問題に対する批判の高まりを受けて頭打ちとなり、こうしてビールは再び国民的アルコール飲料の地位を回復した

図1　レーベンブロイ醸造所の中庭（1865年頃）
出所：Wolfgang Behringer, *Löwenbräu. Von den Anfängen des Münchner Brauwesens bis zur Gegenwart*, München, 1991, p. 159

わけです。

缶　詰

　ここまでは、伝統的な食品であるパンやビールにおいても新しい工業技術が導入されることによって大きな変化が生じたことを説明してきました。次に、まったく新しい加工食品が新技術によって生み出された事例について紹介します。

　まずは缶詰の発明と普及です〔以下の内容は主に、スー・シェパード『保存食品開発物語』赤根洋子訳、文春文庫、2001年、pp. 324-62、およびマグロンヌ・トゥーサン＝サマ『世界食物百科』玉村豊男監訳、原書房、1998年、pp. 765-68、に依っています〕。これにはフランス人のニコラ・アペール（Nicolas Appert, 1749-841）という人物が深くかかわってきます。彼は料理人としてキャリアを積んだ後、1781年にパリで菓子店を開業し、砂糖を用いた果物保存方法の研究を開始しました。その後食品全般の保存方法の開発に精力をつぎ込むこととなります。彼の食品保存法は「数々の料理人と化学者が何世紀にもわたって積み重ねてきた努力の最高到達地点」（シェパード、前掲書、p.325）と評価されています。彼の

方法は、保存する食品を瓶に封入して栓で密閉し、この瓶を湯煎して加熱するというもので、まだ微生物の働きが完全に解明される以前ですが、加熱殺菌と空気遮断によって食品を長期間保存できることを証明しました。

　彼は 1803 年、瓶詰にした牛肉スープやインゲン豆、エンドウ豆を壊血病に効果があるとしてフランス海軍に売り込みます。さらに第 6 章で紹介したフランスの美食評論の創始者のグリモ・ド・ラ・レニエールの援助を得て、自分の発明した瓶詰食品の製造工場の建設にも乗り出しました。ちょうどナポレオン戦争の時期で、軍隊のための食品の保存方法が求められていたという時代背景もあり、アペールの瓶詰の価値が認められ、1809 年海軍の委員会が彼の瓶詰に関する報告書を産業振興協会へ送り、1810 年に同協会はアペールの発明の詳細を公表することを条件に 1 万 2000 フランの賞金を授与しました。それは『全ての動物性・植物性食品を数年間保存する技術』というタイトルで、1810 年 5 月に刊行されます。こうして彼の食品保存法は世に出ることとなりました。ただし、これは正確には「缶詰」ではなく「瓶詰」なので割れやすいという欠点がありました。

　その後のアペールの活動について少し触れておきます。王政復古期（1815 〜 30 年）に、彼は政府の資金援助を得て瓶詰生産を拡大し、ブリキ缶を用いた缶詰生産も開始します。1830 年頃には最新設備の新しい工場で大量生産を行うようになり、甥のライモン・シュヴァリエも協力し会社名はシュヴァリエ・アペールと改名します。彼が 1841 年に死去した後、長らくその名は忘れられたままでしたが、1955 年フランスの切手に彼の肖像が採用され、缶詰の発明者としての彼の名前が記憶されることとなりました。

　さて、缶詰生産自体はフランスより英米圏で急速に発展しました。1809 年のアペールの技術公開の 3 か月後ロンドンの株式仲買人のピーター・デュランドが同じ技術でイギリスでの特許を取得します。なぜそのようなことができたのかは、デュランドによる盗用説やアペール自身による技術売却説などいろいろあり、真相は謎に包まれています。確かなことは、この特許をデュランドが技師のブライアン・ドンキンに 1000 ポンドで売却したということです。ドンキンは、ジョン・ギャンブルとジョン・ホールという 2 人の人物と組んで、ア

ペールの方法を利用した保存食品の製造を開始しますが、容器はガラス瓶ではなくブリキ缶を用いました。彼らはドンキン・ホール・ギャンブル社を設立し、1813年ドンキンらが最初の缶詰工場を建設します。こうして缶詰の生産はイギリスに場を移して本格的に開始されることとなりました。

　缶詰は、すぐにイギリス海軍の保存食として採用されるなど順調に普及していき、1851年ロンドンでの第1回万国博覧会でも出展されました。当初の缶詰製造はハンダづけによる手作りでおこなわれたため、缶詰はたいへん高価なものとなり、また缶を開けるのは、初期にはノミとハンマーを使うなどたいへんな苦労がありました。最初の家庭用缶切りは1860年代にようやく製造されるようになります。

　缶詰工業が最も大きな成功をおさめたのは新興国アメリカにおいてでした。1817年に、イギリス人移民ウィリアム・アンダーウッドがボストンで最初の缶詰工場を建設します。彼は、最初はサケやロブスターの瓶詰を製造しましたが、缶詰に切り替えました。1819年には同じ移民のトマス・ケンセットがカキなどの瓶詰を製造し、これも缶詰に切り替えて、1825年ボストンで缶詰製造会社を設立します。これらシーフードの缶詰は大成功をおさめ、缶詰工場が多く建設されるようになりました。その後アメリカでは、南北戦争によって缶詰の需要が飛躍的に伸びることとなります。1870年には生産量4000万缶に達し、1872年にコーンビーフ缶詰の製造が開始されるなど、肉類の缶詰が拡大していきました。

　これに対しドイツはどうかというと、缶詰は野菜や魚など高級食材に限られ19世紀中は缶詰は家庭用としてはあまり普及しませんでした。しかし20世紀初頭にアメリカ産の豚肉輸入が停止したことにより、国内産の小型ソーセージ缶詰が普及することとなります。

　こうした缶詰生産の急速な拡大を支えたのが製缶技術の発達です。上記のように最初はブリキ缶をハンダづけしていたのですが、1847年に打抜缶が発明され、1849年には打抜機械が発明されて缶詰容器の生産が進展します。1866年オープナー付き缶が導入され、さらに1896年にはチャールズ・アムスによる二重巻締法が開発されて、より衛生的な缶詰製造が進展していくことになりました。

図2　ハンブルクの魚缶詰工場（1900年頃）
出所：Sigrid und Wolfgang Jacobeit_*Illustrierte Alltagsgeschichte des deutschen Volkes 1810-1900*, Leipzig Jena Berlin, 1987, p. 201

　こうして、南米やオーストラリアからの安い肉缶詰がヨーロッパに輸出されるようになります。とくにウルグアイのフライベントスのコーンビーフ缶詰製造が有名ですが、この都市は後に触れるリービヒ肉エキスの製造でも有名になりました。

　このように缶詰を代表とする新しい食品工業が19世紀の進行とともに発展していきますが、もう一つの例としてインスタント調味料を次に取り上げます。

インスタント調味料

　料理をおいしくするためにはうま味が重要な役割を演じます。うま味成分はグルタミン酸やイノシン酸などのアミノ酸ですが、それを抽出するためには肉などの食材を煮込んだりするといった作業が必要となります。日本料理の場合、うま味の塊である昆布やカツオ節から短時間で出汁を引いてうま味を抽出できるという利点がありますが（第7章参照）、西洋料理の場合は肉や魚を長時間煮込んでうま味を抽出しなければなりません。その作業を短縮し簡便化したのがインスタント調味料ということになります。ヨーロッパではそうしたインスタント調味料（＝「スープの素」）が19世紀後半に発明され、家庭料理の簡便化や

調理時間の大幅短縮をもたらしました〔ここでの叙述は主に、筆者の師匠に当たる故ハンス・ユルゲン・トイテベルク教授の研究（章末文献2）に依拠しています〕。ちなみに日本では1908年に開発された「味の素」がその代表的存在です。

　初期に開発されたスープの素として有名なのが「リービヒ肉エキス」です。これは肉汁を煮詰めた滋養強壮剤として世に出ました。リービヒ（Justus Liebig, 1803-73）は19世紀を代表する偉大な化学者で、「有機化学の父」と称される人物です。ギーセン大学やミュンヘン大学で研究し、応用化学分野で大きな功績をあげたほか、農学の分野でも窒素、リン酸、カリウムという三要素説を提唱し、肥料の研究に大きく貢献しました。

　食品に関しては、リービヒは1847年の「肉とその食物としての調理の化学的研究」において肉汁の化学的組成を解明し、それを人体に必要な栄養を多く含む「肉エキス」と命名しました。この「肉エキス」の商品としての開発に当たったのが、リービヒの弟子ペッテンコーファー（Max Pettenkofer, 1818-1901）です。彼はリービヒに劣らず19世紀の科学史に名を残す偉大な学者で、ミュンヘン大学にドイツ初の衛生学講座を設立し、「近代衛生学の父」、「環境医学の父」、「実験衛生学の祖」などと称されています。彼が開発した「肉エキス」は牛肉の水分を蒸発させ乾燥させた肉の粉末で、肉の栄養成分を凝縮させた滋養食品として宣伝されました。

　この「肉エキス」の商品化と大量生産を実現したのは、ハンブルクの技術者ギーベルトという人物です。彼は、膨大な数の牛が飼育され原料の牛肉が大量に、しかもきわめて安く入手できる南アメリカに注目し、1863年ウルグアイのフライベントスで製造工場を建設、リービヒの名前を冠し「リービヒ肉エキス」という商品名で売り出しました。この製品は大量にヨーロッパへ輸出されて大きな人気を呼び、「リービヒ肉エキス会社」は急成長をとげます。これは冷蔵冷凍技術の開発前の段階で、南米の安い牛肉をヨーロッパへ運ぶことを可能にするもので、肉の長期保存と長距離輸送を可能にする一つの方法として画期的なものだったわけです。

　この「リービヒ肉エキス」は、調味料としてだけではなく滋養強壮剤としても宣伝されました。**図3**はこの製品の広告ですが、形はまるで薬瓶のようであ

り、料理の味を良くすると同時に「精力」を与えるものだということが強調されています。また**図4**の広告では牛の力強さのイメージが強調されており、金属缶に入っているため軍隊や狩猟、旅行、スポーツの際の携帯に便利であると述べられています。

図3　「リービヒ肉エキス」の広告
出所：南直人『ヨーロッパの舌はどう変わったか』p.105

この「リービヒ肉エキス」の全盛期は 19 世紀末頃でした。ただし、牛肉が原料でそれを煮詰めて製造するため、どうしてもコストがかさみ高価格となってしまいます。一般に広く普及するにはそれが妨げとなっていました。ちょうどその頃から、より価格の安いライバルが登場してきます。今日でもブランド名としてよく知られたクノールやマギーがそれです。

図4　「リービヒ肉エキス」の広告
出所：Teuteberg, 章末文献（2）, p.17

中部ドイツのブラウンシュヴァイク生まれのクノール（Karl Heinrich Knorr, 1800-75）は、1838 年に西南ドイツのハイルブロンで穀物や豆類を販売する会社を創業しました。そのおよそ半世紀後、スイス出身のマギー（Julius Maggi, 1846-1912）は、チューリヒとシャフハウゼンで豆粉製品を製造し始めました。クノールとマギーの会社は、いずれも世紀転換期の頃から、それぞれ独自にさまざまな種類のインスタント調味料を製品化して急速に販路を拡大していきました。

この両社の成功の理由は、植物性の原料を利用した安価な製品を開発したことです。1873 年にクノール社が豆・野菜の粉末に香辛料を混合する手法を開発し、ここから植物性の材料を用いたスープの素が生まれました。1887 年にマギー

図5 ソーセージ型エンドウ豆スープの素の広告
出所：南、前掲書、p.108

図6　サイコロ型スープの素の広告
出所：Teuteberg, 章末文献(2), p.61

社が開発した「マギー・ヴュルツェ」は、調味料市場を変革する画期的な商品となりました。これに対しクノール社は1889年、有名な「ソーセージ型エンドウ豆スープの素」を開発し、これはドイツで軍用糧食に採用されます。どちらの会社も、自社の製品を売り込むため激しい宣伝合戦を行いましたが、これは近代的な新しいイメージの食品広告を発展させることになりました。こうした競争によって両者とも国際的な食品企業へと成長します。他方、その裏側でリービヒ肉エキスは市場から消えていきました。

　図5は、上記のクノールの「ソーセージ型エンドウ豆スープの素」の広告です。また図6は同じくクノールの「サイコロ型スープの素」の広告で、飛行機を登場させた斬新なデザインが目を引きます。

　今やこうしたインスタント調味料は数多くの種類が販売され料理のスピードアップに貢献していますが、その出発点は19世紀ヨーロッパの食品工業にあったわけです。

3 冷蔵・冷凍技術の発展

　新しい工業技術による食の世界の変化についてもう少し検討を続けます。19

世紀後半になるとヨーロッパにおける食料供給は全般的に改善され、以前のように飢饉が頻発することはなくなりました。先ほど名を挙げたドイツの食の歴史研究のパイオニアであるトイテベルクはこの現象を「食生活革命」と名づけ食の世界史における大きな転換とみなしています（章末文献3）。

　この「食生活革命」をもたらした大きな要因としてトイテベルクは3つの「革命」を挙げています。一つは「農業革命」で、新しい農業技術や肥料等の導入により飛躍的な食料増産が可能となったことを指しています。もう一つは「輸送革命」で、蒸気力を利用した鉄道や船舶によって陸上・海上での長距離・大量・高速の輸送が可能になったことです。これによって新大陸から安価な食料を輸入することが実現し、ヨーロッパ諸国は安定した食料供給ができるようになりました。さらに「保存革命」です。微生物学や冷却技術の発達によって食料の長期保存が容易となり、これもまた食生活の水準を向上させました。先ほどみたビールの例はその一つです。

　これはいずれも新しい科学技術の発展が可能にした「革命」であり、ここで取り上げている食の工業化と深くかかわっています。その例として、冷蔵・冷凍技術の発展について少し見ていきましょう〔以下の叙述は主に、トイテベルクの別の論文（章末文献4）およびシェパード、前掲書、pp. 397-438 に依っています〕。

天然氷の利用

　まず冷蔵・冷凍技術の歴史的展開について振り返ってみます。天然氷を利用する冷蔵技術は古代からありました。古代メソポタミアでは、すでに B. C. 2000 年頃から冬の間に得られた氷を貯蔵しておく氷室が存在しており、日本列島でも各地に「氷室」という地名があります。ヨーロッパでは16世紀頃から宮廷や貴族の館で専用の貯氷庫が出現し、その後しだいに裕福な市民層の家にも広まりました。19世紀に入ると天然氷の供給が広がり、氷ビジネスが事業化していきます。グリーンランドやノルウェー、ロシアなどから、食用や飲用に適した大量の氷を供給するという事業です。こうした天然氷は、たとえばレストランでは冷製料理やデザート用に、前記のようにビール醸造業では低温発酵

酵母を利用するラガービールの醸造に利用されました。

　しかし最も重要な利用先は水産業です。そこでは天然氷が鮮魚の流通に革命をもたらしました。北海などで漁獲された魚は、塩漬けによる保存が一般的でしたが、18世紀末のイギリスで初めて鮮魚の輸送のため氷を利用するようになりました。主な漁港には貯氷庫が設置され、氷詰めにした魚が大量にロンドンなどの大都市へ送られました。傷みやすいニシンも塩を振ってから氷詰めにして輸送されました。こうして19世紀末には、冷蔵した鮮魚が比較的安く食卓に並ぶようになります。

　こうした動きはイギリスの国民的ファストフードであるフィッシュアンドチップスの誕生とも関係します。産業革命による新しい技術が漁業にも導入され、蒸気船によるトロール漁法が1880年代に導入されると、これによって魚、とくにタラが大量に漁獲されるようになります。かつては一本釣りで獲った魚を生け簀で鮮魚として運搬していたのが、トロール漁業で大量に獲った魚を氷で保存して、それを鉄道によって大消費地ロンドンへ運ぶようになりました。トロール船団への大量の氷の供給がそれを可能にしました。こうして価格低下によってより多くの魚が消費されるようになり、労働者層の人びとでも手軽に購入できるフィッシュアンドチップスがその象徴となったわけです（川北稔『世界の食文化⑰イギリス』農文協、2006年、第8章、参照）。

人工的冷蔵・冷凍技術

　さてしかし、これらの動きはまだ天然氷を利用する段階にとどまっていました。大きな変化をもたらしたのは人工的に氷を作る技術の発展です。次に人工的な冷蔵・冷凍技術の発展について見ていきます。

　初期の人工的な製氷技術としては、16世紀末頃から硝石や硝酸ナトリウムを氷に混ぜて温度を下げる方法が開発されました。ボイルの法則で有名なロバート・ボイルは17世紀中頃、人工冷却実験で塩化アンモニウムなどの他の塩でも冷却可能であることを発見しています。ただし、この時期の冷却技術は実用目的というよりエンターテインメント的要素が大きかったといえます。さらに

18 世紀になると、エディンバラ大学のウィリアム・カレンが 1775 年に液体の蒸発による製氷が可能であることを発見するなど、18 世紀から 19 世紀にかけて冷却の技法を研究する人々が多数出現しました。

そうしたなかで画期的だったのがアンモニアを使った冷却技術です。フランス人エドモン・カレとフェルディナン・カレの兄弟が世界初のアンモニアによる冷却機を製造し、1851 年のロンドンでの第 1 回万国博覧会に出品しました。その原理は、気体のアンモニアガスを冷却して液化させ、それを蒸発器の中に吹き入れると、アンモニアが蒸発する際に周りの熱を奪うことで温度を下げるというものでした。

この画期的な冷却技術はすぐに産業への応用が始まります。ドイツ人技師カール・リンデはアンモニアを循環させる効率的な新型冷却機械を発明し、1879 年に産業用冷却機械の会社を設立しました。そうした冷却機械は、ビール醸造業や家畜処理場、酪農場など幅広い産業分野で利用されることとなります。なかでも食料供給に大きなインパクトを与えたのが交通手段への冷蔵・冷凍技術の利用です。鉄道輸送に関しては、1869 年アメリカ人ガスティヴィアス・スィフトが考案・製作した冷蔵貨車の開発が、広大なアメリカ国内での食肉の輸送の発展に重要な役割を果たしました。かつては西部のカウボーイたちが、生きたままの家畜を長時間かけて東部にまで運んでいたのですが、冷蔵貨車が導入されると、家畜をいったんシカゴにまで生きたまま運び、シカゴの食肉加工工場で精肉加工した後、冷蔵貨車を利用し東部へ輸送することが可能となりました。こうして輸送時間を大幅に短縮できるようになったわけです。

もう一つ重要なのが冷凍船の開発です。これによって新大陸の安価な肉をヨーロッパに運ぶことができるようになります。最初に試みたのは、フランス人技師シャルル・テリエでした。彼は 1876 年に、自分が開発した冷凍機を積んだ船で羊肉を冷蔵しつつ約 3 か月かけてフランスから南米へ航海しました。ただし肉は変色し不快な臭いを放つなど実験は失敗に終わります。翌年彼はアルゼンチンの牛肉をやはり同じように冷蔵しつつフランスへ運びました。肉は大部分が良好な状態を保っておらず、悪臭がついており成功とはいえませんでした。これに対し、フランスの海運会社が 1877 年から翌年にかけて、パラグ

アイ号という船にカレの冷却器を搭載して大量の冷凍羊肉をブエノスアイレスからフランスへ運搬し、これは成功を収めました。さらにもっと離れたオーストラリアからの冷凍肉の輸送も試みられるようになります。

　こうして新大陸からヨーロッパへの冷凍船による長距離の冷凍肉輸送は、失敗と成功を繰り返しつつしだいに軌道に乗っていきましたが、冷凍技術の未発達ゆえの冷凍肉の劣悪な品質、国内の畜産業との対立もあり、冷凍肉の定着は順調には進みませんでした。しかし、イギリスでは軍用の糧食として受け入れられるなど、20世紀に入ると徐々に消費が拡大していきました。

　その20世紀には、アメリカで冷凍技術がさらなる発展をとげます。クラレンス・バーズアイによる急速冷凍技術の開発がそれです。これによって野菜などの広範囲の食品の冷凍保存が可能になりました。そしてさらに種々の冷凍食品が開発されていきます。そうした冷凍食品は、しだいに一般家庭の台所にも入り込んで消費が拡大し、「TVディナー」に代表されるような、主菜と副菜どちらも冷凍食品で調達できるという食事スタイルを生み出します。もちろんそのためには家庭用の小型冷蔵庫の開発がカギとなるわけですが、スーパーマーケットの巨大な冷凍食品コーナーから家庭の冷蔵庫にいたる「コールドチェーン」が形づくられていくなかで、（味はともかくとして）便利な冷凍食品をふんだんに消費するという20世紀後半に世界中に広まったアメリカ的生活様式が発展していくことになりました。

　すこし時代を先取りしたストーリーになってしまいましたが、19世紀に発展した冷蔵・冷凍技術の発展が現在のわれわれの豊かな食生活につながっていることは事実です。近代的な食文化の形成を考える上でこの技術の発展史を知ることは必要といえるでしょう。

　さて、工業化が近代的な食生活の形成に与えた影響に関しては、まだまだ検討すべき事例はありますが、このくらいで打ち止めとします。次章では、都市化、科学化、国民国家形成と食との関係について考察します。

参考文献

(1) Heinrich Tappe, Alkoholverbrauch in Deutschland im 19. Und 20. Jahrhundert, in: Hans J. Teuteberg (ed.), *Die Revolution am Esstisch. Neue Studien zur Nahrungskultur im*

19./20. Jahrhundert, Stuttgart : Franz Steiner Verlag, 2004, pp. 284-94.

(2) Hans Jürgen Teuteberg, *Die Rolle des Fleischextrakts für die Ernährungswissenschaften und den Aufstieg der Suppenindustrie*, Stuttgart : Franz Steiner Verlag, 1990.

(3) Hans Jürgen Teuteberg, Die Ernährungsrevolution im 19. Jahrhundert, in: Heide Ringhard (ed.), *Damit wir leben können. Eine Dokumentation der Ernährungswirtschaft*, Bielefeld : Univers, 1985, pp. 10-57.

(4) Hans Jürgen Teuteberg, History of cooling and freezing techniques and their impact on nutrition in twentieth-century Germany: in: Adel P. den Hartog (ed.), *Food Technology, Science and Marketing: European Diet in the 20th Century*, East Linton (Scotland) : Tuckwell Press, 1995, pp. 51-65.

第11章

都市化・科学化・国民国家の成立
食からみた近代ヨーロッパ社会の成立（2）

この章で学ぶこと

　前章に引き続いて近代社会における食の変容について考えていきます。工業化がヨーロッパの近代社会形成に大きな影響を及ぼし、食の世界でもさまざまな新しい要素が生み出されたことは述べましたが、19世紀には、都市化（都市人口の拡大、都市生活基盤の革新、都市的生活の普遍化）、科学化（近代科学の急速な発展による社会への影響）、国民国家化（政治や社会のさまざまな面での国民統合の進展）といった変化が生じ、それぞれ食の分野とも深くかかわっていきます。これらの現象を通じて、19世紀ヨーロッパにおける食の近代化を考えていきます。

1 都市化がもたらした食の変容

....

都市化の概要

　まず都市化という現象を説明します。19世紀には工業化の進展とともに農村住民が都市へと移動して都市の人口が急激に増加し、巨大都市が誕生していきます。これによって社会が大きく変化しました。一方では都市化は弊害をもたらしました。たとえば、これは序章でも述べたことですが、人口が密集すると衛生状態の悪化や感染症の拡大といった問題が必然的に生じます。じっさい19世紀のヨーロッパでは、大都市を中心にコレラが何度も流行し多くの死者が出ましたが、その主原因は人口増による都市の衛生環境の劣悪さにありました（見市雅俊・高木勇夫・柿本昭人・南直人・川越修『青い恐怖 白い街——コレラ流行と近代ヨーロッパ』平凡社、1990年、参照）。また、工業化による貧困の問題とも絡んで治安の悪化も懸念されることとなります。

　こうした都市化の弊害に対する一つの解決策として、19世紀後半のヨーロッパの大都市では都市改造が遂行されます。1860年代のフランスで、セーヌ県知事のオスマンによって実行されたパリ改造がその代表例です。オスマンは、錯綜した旧市街、とくに貧民街を一掃し、ブールバール（大通り）を中心に整然とした道路交通網や街並みを実現して、首都にふさわしい近代都市としての美観を実現しました。今日のパリの美しい都市景観はこの時に作り出されたものです。

　他方、都市における安全で便利な生活のためのインフラストラクチャーも徐々に整備されていきました。たとえば下水道や上水道の整備によって、衛生的な生活環境が実現されることとなります。下水道についてみると、早くは1739年にウィーンでヨーロッパ最初の下水道が生まれました。その後1842年にロンドンが下水システムの建設を開始し、1856年にはハンブルクで最初の近代的下水システムが完成するなど、徐々に下水道が整備されていきました。ガスや電気といった新しいエネルギーの導入も都市での生活の利便性向上に寄与

しました。一つは街頭照明です。最初はガスの照明でしたがやがて電気照明が
それに代わり、夜間でも街頭が明るく照らし出されるようになります。家庭に
もこうした新しい照明が導入されランプや蝋燭に取って代わりました（照明の
変化については、ヴォルフガング・シヴェルブッシュ『闇をひらく光——19世紀にお
ける照明の歴史』法政大学出版局、1988年、参照）。さらに家庭の厨房においても、
従来の薪や石炭に代わって新しい熱源として利用されるようになりました。

　前近代のヨーロッパの都市は基本的に端から端まで歩ける程度の大きさでし
たが、人口流入によって都市の規模が巨大化すると新しい都市内交通手段が必
要となってきます。蒸気力や電力といった新しい技術が発明されると、まず19
世紀前半には鉄道が登場し、さらにその後は自動車が導入されるようになりま
した。都市内交通手段としても馬車から路面電車や自動車へと徐々に転換が進
み、またロンドンを嚆矢として地下鉄も建設されるようになりました。

　さらに都市化は自治体行政のあり方も大きく変化させました。これは後に
検討する国民国家の形成とも関連する動きといえますが、都市においては自治
体行政当局が住民にさまざまなサービスを提供するサービス行政がはじまり、
それが20世紀にかけて拡大していきます。住民の生活に直接行政がかかわる
という今日では当たり前となった仕組みが整備されていったわけです。それに
伴って都市行政機構の肥大化も見られるようになりました。このように、都市
化に伴って弊害ももちろん生じましたが、全体としては便利で快適な都市生活
のための基礎が築かれていったといえます。

百貨店の誕生

　以上のように、19世紀のヨーロッパでは、都市化という現象が社会のあり方
や人々の生活に大きな変化をもたらしました。そして、不特定多数の人々が行
きかう巨大都市では、人々の消費スタイルも転換していきます。大衆消費時代
が到来し新しい消費の場が出現することとなりました。それが百貨店（デパー
トメントストア）という施設です（海野弘『百貨店の博物史』アーツアンドクラフツ、
2003年、および荒俣宏『奇想の20世紀』NHKライブラリー、2004年、pp. 182-95、

図1　ボン・マルシェ（1887年）
出所：Wikipedia Commons

参照）。

　百貨店第1号は、1852年アリスティッド・ブシコーという人物がパリに創設した「ボン・マルシェ」です。百貨店は新しい小売りのスタイルを導入し、従来の商習慣に革命をもたらしました。それまでは「ツケ払い」が一般的な商慣習で、定価販売ではなく売り手と買い手の交渉によって価格が決まりましたが、これに対しブシコーは、現金での購買、定価販売という新しい方式を導入しました。今となっては当然の方式ですが、これによってスムーズに商品を販売し購入することが可能になりました。さらに百貨店ではバーゲンセールやウィンドウショッピングというような新しい販売方法も導入されました。それまでは入店すれば必ず商品を購入しなければならなりませんでしたが、百貨店では購入を前提とせず、商品を見るだけでも歓迎されたので結果的に購買欲を刺激され、売り上げが向上しました。ウィンドウショッピングによって消費者を引き付けるために、百貨店の建物や内部の装飾も豪華にしつらえられ、きらびやかなショーウィンドウによって顧客の欲望を喚起したわけです。こうして消費の殿堂としての百貨店が誕生し、大都市における新しい娯楽の場を提供することとなりました。

図2　宿屋での食事風景
出所：南直人『ヨーロッパの舌はどう変わったか』講談社、1998 年、p.228

レストランの成長

　食の世界における変化で最も目につくのが、都市におけるレストランの成長です。百貨店が都市的な消費生活のシンボルとなったとすれば、レストランは都市的な外食文化のシンボルとなりました。その前提として外食の歴史について少し説明しておきます（南直人「食のホスピタリティ——近代ヨーロッパの飲食提供業に関する研究の可能性」『女性歴史文化研究所紀要』京都橘大学、第 16 号、2008 年、pp. 63-70、参照）。

　外食とは家の外で食事をすることです。近代以前においては例外的な食行動であったといえます。しかし同時に、何らかの理由で居住場所を離れる必要のあった人は常に存在していましたから、そうした旅人に有償・無償で食を提供するというという行為もまた古くからあり、そのための施設も存在していました。たとえばローマ帝政期には軍用道路沿いに高官の宿泊・食事のための休憩所が存在していましたし、遠隔地交易が拡大したヨーロッパ中世後期には、町や村に宿屋兼食堂が出現しました。そうした施設はまた、その地域の人々の会合や祝宴の場を提供し、食事が出される場合もあったと考えられます。

　ただしこうした外食の機会は限られたものであったし、そこで出される食事は美食とはほど遠いものでした。旅人を対象とした当時の宿屋での食事は、ター

ブル・ドート（table d'hôte）というスタイルで、客に料理を選ぶ選択権はなく、決められた時間に一斉に出された料理を文句を言わずに食べるというものでした。

ヨーロッパにおけるこうした貧弱な外食事情は、レストランの出現によって大きく変貌します（レストランの出現については、レベッカ・スパング『レストランの誕生——パリと現代グルメ文化』青土社、2001年、参照）。第6章でも少し触れましたが、レストラン誕生の舞台は18世紀後半から19世紀初頭にかけてのパリです。フランス語の「レストラン」という言葉は、元々は滋養強壮のための食べものという意味でしたが、しだいにそれを提供する店を指す言葉となっていきました。すでにフランス革命前に、パリでは高級料理を出すレストランがいくつも誕生していましたが、革命が勃発し貴族たちが亡命すると貴族の厨房で高級料理を作っていた料理人たちが職を失い、パリ市内でレストランを開業していきます。それらは、革命期には地方から来た革命派の政治家の会合や食事場所として重要な役割を果たしました。ポーランドのアンジェイ・ワイダ監督が制作した映画『ダントン』（1983年公開、主演はジェラール・ドパルデュー）で、ダントンがロベスピエールを晩餐に招待する場面がありましたが、まさにそこがレストランでした。

ナポレオン帝政を経て1815年の王政復古の後も、レストランはパリ市民の食事場所として繁栄・拡大していきます。パリのレストランの数は革命前には50以下でしたが、1827年には約3000もの店が存在し、さらに19世紀を通じてますます成長します。レストランは最初はパリにのみ存在していたのですがフランス全土へと拡大し、さらにイギリスやドイツでもフランスのレストラン文化が流入していきました。こうして19世紀ヨーロッパの都市において外食の習慣が急速に拡大していったわけです。

その背景には、前記のような19世紀のヨーロッパで進行する都市への人口集中により大都市での外食人口が増大したことがあります。さらに、フランス革命を経て市民層の経済的実力が徐々に増大し、そのステイタスシンボルとしてレストランでの豪華な食事が好まれたということも指摘できます。

第8章で紹介した古典的な高級フランス料理は、身分制社会のもと宮廷や貴

族の私邸で発展し、そうした身分の者しか享受できないものでした。したがって美食を楽しむことは、上流階級のみに許された特権だったわけです。しかし、公共空間であるレストランでは、身分に関係なくお金を出せば誰でも高級料理＝美食を享受できます。つまり、美食の世界が宮廷社会から市民社会へと拡大していったのです。と同時に美食と外食が初めてドッキングしたともいえます。ここにレストラン発展の歴史的意味があるわけです。

　ただし、美食はその意味で「民主化」しましたが、それを享受できるのは限られた裕福な市民のみでした。彼らは、美食への志向を強めていくと同時に、自分の裕福さを他者にみせびらかし、貴族的生活スタイルの模倣を追求するために高級レストランで食事をするようになったのです。つまり、かつては王侯貴族の閉ざされた身分的特権であった美食が、19世紀には公共の場でのステイタスシンボルへと変化していったわけです。

　このように裕福な市民の間で高級レストランの食事が新しい快楽として定着する一方、さほど裕福でない人々の間でも、手頃なレストランでたまに外食することがつましい楽しみとして定着していきました。また、都市が拡大すると労働者層や周辺農村などから流入する貧困層が増大し、劣悪な居住環境ゆえに家の台所での自炊が難しく、外食に頼らざるを得ない人々も多くなります。こうした貧困層を対象とした外食施設も都市には多数存在しました。こうして19世紀が進むにつれて外食人口はますます増大し、都市における外食習慣はすっかり定着していきました。

　ここで具体的な外食の様子について、フランスの食の歴史と文化に詳しい北山晴一の研究に基づいて少しだけ紹介しておきたいと思います（北山晴一『美食の文化史』朝日選書、1991年、pp. 240-6）。1830 〜 40年代七月王政期を中心にパリにおけるさまざまなレストランが紹介されています。

　まずは高級レストラン「カフェ・ド・パリ」ですが、ここは室内装飾や家具・食器類に最高の贅沢がこらされ、サービスの優雅さや清潔さは申し分なく、真の美食家が通う店とされています。実際バルザックやデュマも通っていたようです。ただし値段は高く、こうした高級店では料理だけ（ワインなし）で20フランほどかかるとされます（同上、pp. 240-2）。これに対し中級レストランとし

て「プロスペール」の定食メニュー（2フラン）が紹介されています。パン、ポタージュ、料理3品、デザート、ワイン（ブルゴーニュかシャブリ半本）、ミニコーヒーとなります。定食中心で料理は充実し、高級店よりずいぶんリーズナブルですが、店構えの点からは見劣りがするため、スノッブな連中からは敬遠されていたとされます（同上、pp. 244-5）。もっと大衆的なレストランとしてはカトゥコンブという人物の店が紹介されています。客が席に着きしだい

> 女給が皿とパン、小瓶に入ったぶどう酒を持ってきて……（しばらくすると）大きく厚い、しかも軟らかいビフテキがシェフみずからの手で皿に移される。皿にはすでにじゃがいも・いんげん・にんじん・かぶなどが山盛りに出されている。これでただの21スー（1フラン5サンチーム）……勘定はカウンターの貯金箱のような銭入れに入れるだけ……（安くたっぷり食べられるようですが）テーブルクロスは1日1回しか替えなかった。先客が残していったパンくずは客自らがテーブルの片隅に置いてある小箒で掃き落とした（同上、pp. 245-6）

というように、サービスや清潔さを期待できる店ではないようです。

さらに下には下があり、都市に流入してきた貧困層や安い賃金で働く労働者層の人々を対象としたさまざまな安食堂が都市内に存在していました。少し後の第二帝政期ですが、5スー（1/4フラン）で食べられる「カリフォルニア」という店の様子は以下のように描かれています。

> 1700～2000人の貧民達がここの常連だった。ここはセルフサービスで、各人が台所窓口で肉と野菜を手に入れる。支払いがすむと、鉄のナイフとフォークを渡してくれる。席につくと、ギャルソンが、壊されないために鉄でできた水差しにぶどう酒をサービスしてくれる……店の営業時間は9～12時、午後4～9時で……狭いながらもこの店にはテーブルと椅子があり、ナイフやフォークもあった……（同上、p. 177）

　しかしこうした安食堂にも行けず屋台の食べ物屋で食料を買って飢えをしのぐしかない最下層の貧しい人々もいましたし、もっと貧しい人々は無料のパンの配給を受けることもありました。このように、19 世紀のパリのような大都市の中では、高級レストランから安食堂まで多様なレベルの食事の場所が出現し、巨大な格差を抱えつつ種々の社会層の人々に外食の機会が提供されていたわけです。

　ここまで外食の問題を見てきましたが、その他に都市化による食の変容の例としては食品流通の変化や市場制度の改革などもあります。これらについては紙幅の関係もあるので割愛し、次のテーマである食の「科学化」に移りたいと思います。

2 食の「科学化」

食養生思想から近代栄養学へ

　ルネサンス以降、ヨーロッパにおいてさまざまな分野の近代科学が発展してきましたが、19 世紀には人間の身体にかかわる分野で新たな発見や前進が見られました。たとえば医学では、19 世紀後半になって細菌医学が急速に発展し、多くの病気の原因が解明されました。すでに 17 世紀オランダのレーヴェンフックが顕微鏡によって微生物を発見していますが、19 世紀中葉フランスのパストゥールが微生物が空気中に存在することを証明し、その後ドイツのコッホらが結核菌やコレラ菌などの病原菌を次々と発見していきました。コッホの弟子であった日本の北里柴三郎も細菌医学の分野でいくつもの功績を残しました。

　同時に、19 世紀には食に関連するさまざまな科学が成立していきます。とくに有機化学の発展と並行して、食物の栄養成分の解明とそれの人体への作用などを分析する栄養学が学問として確立されました。こうした食の分野の科学化の背景には、栄養・食物・健康・人体などに関するパラダイム、すなわち思考の枠組みの根本的転換がありました。簡単にいえば、古代から続く伝統的な食養生思想から近代科学に基づいた近代栄養学への転換ということになります。

伝統的な食養生の考えとはどのようなものでしょうか。これは、ヒポクラテス（B. C. 460 頃〜 B. C. 375 頃）やガレノス（131 〜 201）らに代表される古代ギリシア・ローマの医学思想を出発点とする考え方で、「四体液説」に基づいて身体の健康や病気を説明しようとするものです。人間の心身の状態は、4 つの体液（血液・粘液・黄胆汁・黒胆汁）の働きによるもので、この四体液のバランスによって健康や病気が引き起こされるとされます。それぞれの体液は「熱⇔冷」、「乾⇔湿」の性質によって分けられ、血液は「温＋湿」、粘液は「冷＋湿」、黄胆汁は「温＋乾」、黒胆汁は「冷＋乾」という性質があるとされます（第 8 章参照）。そして、個々の飲食物はそれぞれの体液の働きと関係しており、特定の飲食物を摂取することで体液のバランスを保ち健康を維持することができるとされるわけです。健康や食についてホリスティックに捉えるこうした伝統医学は、中国やインド、日本などの伝統医学にも通じる考え方といえるでしょう。

　これに対し近代ヨーロッパで成立した医学や栄養学の考えは、近代科学に基づき健康や病気の原因を個々の要素に分解し分析的に把握します。食についていえば、食物を個々の栄養素に分解してその作用を化学的手法で探究するとともに、人体も生理学・解剖学的に理解し、人体の個々の機能と化学的に把握された食物の機能とを関連づけるわけです。19 世紀以降、こうした近代科学的な考え方が支配的となり、伝統的食養生思想は時代遅れのものとして否定されるようになりました。ただし現在では、こうした伝統医学的な考え方もまた再評価されつつあるともいえます。

　もう少し細かく見ていきましょう（以下、南直人『〈食〉から読み解くドイツ近代史』ミネルヴァ書房、2015 年、pp. 173-80、参照）。栄養や食に関する科学、とくに栄養素の研究は 19 世紀に大きく発展をとげました。タンパク質や脂質、炭水化物といった個々の栄養素に関する研究が個別的に進められるなかで、1827 年イギリスの化学者プラウト（William Prout, 1785-1850）がこれらを「三大栄養素」として概念化しました。こうして食物を栄養素という単位に還元して、各栄養素人体への作用を研究するという方向が示され、食物や栄養の化学的分析と人体の生理学的分析が結合して、新しい食の科学の体系が誕生していきます。

　とくに重要なのが栄養摂取と代謝の研究です。前章でも名前を挙げたドイ

ツの化学者リービヒ（1803-73）とその弟子たちは、人間の栄養摂取と代謝との関係の生理学的分析に取り組み、近代栄養学の発展に大きく寄与しました。リービヒの弟子フォイト（Carl Voit, 1831-1908）は、糖質・脂質・タンパク質の体内での代謝に関する数量的な分析実験を行いました。そのフォイトの弟子ルプナー（Max Rubner, 1854-1932）は、各栄養素が体内で熱量に転換される際のカロリー比を定式化し、糖質とタンパク質は1gで4.1kcal、脂質は1gで9.3kcalの熱量を産出するとしました。さらにフォイトの弟子でアメリカ人のアトウォーター（Wilbur Olin Atwater, 1844-1907）は、糖質とタンパク質は1gで4kcal、脂質は1gで9kcalという、より現実的な数値を算出し「アトウォーター係数」として定式化しました。

　さらに、摂取した栄養量と身体の維持や運動・産熱のために消費される栄養量との比率を定量的に分析し、人間の身体がどれくらいのエネルギーおよび栄養を消費するのかを解明することがめざされました。つまり、人間が生活し、労働するために必要とされるエネルギーや栄養の量を算出しようということです。さらに細かく、労働強度に応じて1日に必要とされる平均的な熱量やタンパク質の量が計算され、フォイトによれば、体重70kgの成人男子で軽作業の場合は1日2,240 kcalの熱量が必要で、労働に従事する場合は1日3,055 kcal、タンパク質118 gが必要であるとされました。他方アトウォーターは、成人男子が1日10時間労働する場合は3,500 kcalが必要という数字を提示しています。

　この時期の栄養学の研究では、熱量および三大栄養素、とくにタンパク質の所要量の算出が重視され、「肉＝タンパク質中心主義」ともいえるような研究が行われました。しかし20世紀に入ると、こうした三大栄養素や熱量のみでは人間の生存に不十分であることが解明され、研究の中心はビタミンやミネラル、必須アミノ酸などの分析へと移行します。

　こうした人間にとっての必要栄養量を算出するという研究は、純粋学問的な問題意識から行われたものですが、19世紀という時代状況と無関係であったわけではありません。これらの研究の成果は、工場労働が広がっているなかでの作業効率の追求という、この時期の資本主義経済の発展に寄与するものである同時に、20世紀に入ると、2つの世界大戦時における配給制度の実施にも役立

てられるようになります。つまり、19世紀に進展した食の科学化は、経済や軍事といった分野にも否応なしに結びついていくことになりました。

　さらに、食の科学化の進展を示す指標として、栄養学に代表されるような食に関する科学が、学問としての地位を確立するプロセスについても少しだけ触れておきます。近代科学としての栄養学が大学教育へ導入された経緯を、ドイツのギーセン大学やミュンヘン大学医学部の講義一覧からみていくと、18世紀末までは伝統的な食養生学が医学部教育の中心にあり、19世紀前半でもまだ講義一覧の中に存続してはいたが、徐々に周縁的地位へ追いやられ、やがて講義一覧からは姿を消していったことがわかります。それに代わって19世紀中葉以降、新しい食に関する科学が導入されていきました。

　こうした大学での教育を基礎として、新しい食の科学は専門的学問分野としての地位を確立していきます。たとえばドイツでは、19世紀末頃には食品化学分野の専門的な学術雑誌が刊行されるようになり、食品化学者の資格試験が導入され、食品化学者は国家によって認定された新しい専門職としての地位を確立しました。このように食にかかわる分野の科学化は19世紀を通じて着々と進んでいったわけですが、ちょうどそれと軌を一にして、ヨーロッパでは国民国家の形成が進展しました。食の分野もその動きとは無関係ではありません。本章の3番めのテーマとして、国民国家形成という政治の問題と食との関連について検討したいと思います。

3 食と政治

国民国家における栄養の意味

　食と政治という問題は一見かけ離れているようにみえます。決してそうではありません。実は両者は非常に密接に結びついています。ここでは、国民国家形成という19世紀ヨーロッパにおいて進行した歴史的出来事に即して、そのことを説明していきたいと思います。

　フランス革命を経て成立していく近代的な国民国家においては、国民の政治

参加がゆっくりとですが進んでいく一方で、国家が国民一人ひとりを確実に支配・管理するシステムもまた整備されていきます。たとえば、義務教育制度や税金の徴収、そして男子だけですが一般兵役義務などです。他方、19 世紀後半のヨーロッパでは、イタリアやドイツの国家統一、ドイツとフランスの敵対関係、非ヨーロッパ地域での植民地獲得競争などといった国際政治をめぐる緊張が高まり、列強間の競合・対立状況の下で、国民国家としての国力増強がますます求められるようになります。その場合、国力は資本や軍備といった外形的なモノにとどまらず、男子の場合兵士として、女子の場合は次世代を生む母親として、人的資源もまた国力となるため、国民の健康状態が国力の実態と密接にかかわることとなります。それゆえ国民国家は国民一人ひとりの健康増進や福祉向上に配慮することが求められるのです。つまり国民国家は必然的に大衆福祉国家を志向せざるを得ないわけです。

　当然、健康を維持するためには食生活が重要となります。すでに指摘したように、近代的栄養学の発展によって、たとえば 1 日に必要な栄養素の量など健康を維持するための食生活の条件が解明されていきます。そこで、この栄養学に基づいた食教育を普及させることによって国民の健康が保証され、ひいてはそれが国力の増強につながるという発想が国民国家の支配者の側から出てくることとなります。こうして 19 世紀末にはヨーロッパ列強各国で食教育・栄養教育がさまざまなレベルの教育現場に導入されていくのです。

　ドイツを例としてこうした動きを簡単に紹介します（南直人『〈食〉から読み解くドイツ近代史』pp. 180-201、参照）。

ドイツにおける食・栄養教育

　1871 年の統一によって成立したドイツ帝国では、国民国家形成が進む一方で急激な工業化・都市化の進行の下で社会的格差が拡大し、とくに労働者層の貧困が問題となりました。労働者層の間では労働組合や社会民主党の影響が強まり、政治的にも文化的にも「国家内国家」の様相を呈するようになります。国民国家として国力を増強するためには、この労働者層をいかに国家に統合して

いくかが重要となります。その際、食が一つの手段として利用されました。どのような論理で利用されたのか見てみましょう。

　代表的な論客としてフリッツ・カレ（Fritz Kalle, 1838-1915）という政治家の考えを紹介してみます。この人物は国民自由党の帝国議会議員で、第二帝政期ドイツで活躍した穏健リベラル派の政治家です。彼は同時に化学工業の実業家でもありました。国民自由党は第二帝政期ドイツにおける自由主義政党で、基本的にビスマルク与党の立場です。

　1891年に刊行されたカレの著作『民衆の食生活とその改善手段としての家政学校』では要約すると次のような主張が展開されています。

　　　工業地帯における兵役適格者の比率が栄養状態の劣悪さゆえに低下している。民衆の栄養の問題は一国の福祉・進歩、その国の国際的地位にとってきわめて重要である。彼らの劣悪な栄養状態の原因は低賃金ではなく市民層の食習慣を模倣し分不相応な食生活を送っているからだ。それが生活費を圧迫して食生活の内容が貧困になっている。従って栄養学の知識を生かし、彼らが自分で購入できる安い食料をより効率的に利用してバランスのとれた食生活を送るべきだ。タンパク質・脂肪・炭水化物をバランスよく摂取すべきである。炭水化物を過剰に摂取すると消化器官に過剰負担をかけるので健康に有害である。とくにジャガイモは空腹は満たすが必要な栄養を十分含んでいない。その代わりに動物性食品を摂取することが重要である。しかし肉は高いので、貧しい人は脱脂乳や干タラ、内臓肉、豆類など安い食品の摂取に努めるべきだ。こうした食事の改善のためには労働者家庭の主婦の役割が重要で、価格と栄養を十分考えて買い物や料理を行うべきである。しかし今は女性が義務教育終了後すぐ働きに出るため母親から十分な料理教育を受けられない。それに代わるような家政教育、とくに栄養知識や料理の教育を施すことが必要である。

　つまりカレの主張をまとめると、ドイツの国力増進、国際的地位向上のためには労働者の劣悪な栄養状態の改善が必要だが、そのため賃金を上げるのでは

なく、労働者たちの「誤った」食生活を正すべきである。そのために栄養学に基づいた「正しい」知識を労働者家庭の主婦に教え込むことが効果的だが、女性も外で働くことが多くなり家庭内での知識伝達が難しいので、家庭外での学校や職場での栄養や料理に関する教育が必要だ、以上のようになります。

　こうした思惑の下で、ドイツでは主婦や若い女性を対象とした家政教育が 19世紀末から展開されるようになりました。まず公教育分野では 1890 年頃から各地の初等教育機関（国民学校）で家政教育が導入されていきます。保守的な教育者からは、学校に家政教育を取り入れることへの反対意見も見られましたが、国民学校への家政教育の導入は徐々に進んでいき、人口 1 万人以上のすべての都市を対象に国民学校における家政教育導入に関して 1908 年に実施されたアンケート調査では、全国平均で約 3 割の都市で国民学校への家政教育の導入が実現していたことがわかります。

　ただし公教育分野では、初等教育修了後に就職した女性に対する食教育や家政教育はほとんど実施されませんでした。それを補ったのが民間レベルでの成人教育としての家政教育です。さまざまな民間の組織によって担われましたが、大きく分けると学校形態のものと講習会形式のものがありました。学校形態の家政教育機関としては、自由主義的教育組織が設立した家政学校や保守派の「愛国婦人会」の料理学校、さらにキリスト教会によって設置された女子学校などがありましたが、こうした学校はほとんどが市民層や農民層の女性向けで、平日の昼間に仕事をする労働者層の女性を対象とする家政教育は、各地で福祉系の団体などによって展開された講習会形式のものに限られていました。それらは休日か平日の夜間に行われ、無料ないし少額の授業料で受講可能で、実践的な料理や家事の教育が行われました。

　さらに宗教組織が運営する女子労働者宿泊施設でも、昼休みや休日を利用して家事訓練を行っていました。なかでもドイツ西部のメンヒェングラートバハという町にあった女子労働者ホームが有名です。ここでは 1873 年から家事教育が実施されていましたが、この施設の料理授業のテキストとして編纂されたのが『家庭の幸福』という料理書（図3）で、1881 年初版刊行、再版を重ね、1891 年には 100 万部を超える爆発的な販売実績を残しました。

図3 『家庭の幸福』
これは 1882 年の改訂版で
1975 年に復刻されたもの。
出所：南直人『〈食〉から読み解くドイツ近
代史』p. 197

このように食を通じた労働者層の国民国家への統合という試みが、教育という舞台を借りて官民双方のさまざまな組織によって行われていたわけです。大げさにいえば、食という手段によって国家目標を達成しようという政策が実行されたということになります。食と政治とが結びついた例といえるでしょう。

食を通じた国民的アイデンティティ形成

食は最も身近な行為であるがゆえに、人々の心の中に無意識のうちに入り込んできます。その意味で食はアイデンティティ強化の効果的な手段となります。家族のアイデンティティであれば、ジェンダー的な偏りはありつつも「オフクロの味」という言葉がしばしば語られますし、地域的アイデンティティを示す「ふるさとの味」という言葉もよく耳にします。これが国家レベルになると、「国民食」あるいは「国民料理」という概念が登場し、国民的アイデンティティを表現することになります。

じっさい、それぞれの国にアイデンティティを主張する食物があります。日本ではご飯と味噌汁、韓国ではキムチ、イギリスでは紅茶、ハンガリーのグヤーシュ（第1章で取り上げたパプリカ風味の牛肉の煮込み料理）などがそれに当たります。こうした「国民食」は、いかにも自然にできあがったものであるようにみえますが、国民統合を強化するために人為的に創造されたものである場合も

あります。とくに、遅れて国民国家を形成した国ではそうしたことがよく当てはまるように思われます。国民国家の形成と食とのかかわりというテーマの一つの例としてこの問題を考えてみましょう。

「イタリア料理」や「ドイツ料理」といった国別の料理という観念がありますが、よく考えると不自然ではないでしょうか。陸続きの国々の場合、国境を越えたとたんに料理が変わるわけではありません。たとえば、フランスのアルザスの料理はむしろドイツ料理に近いものがあります。中世にはアルザス地方は神聖ローマ帝国に属しドイツ語圏でしたから、食文化も含めて文化的にドイツに近いのは当たり前なのです。またインドや中国のような多民族や多地域を抱える国家の場合、「インド料理」「中国料理」とは何を指すのかはきわめて曖昧模糊としています。しかも、移民とともに料理もまた国境を越えて移動するので、現在ではイギリス風インド料理や和風中華料理が存在し、「国民料理」なるものをますますわかりにくくしています。こうした問題に関しては、西澤治彦（編）『「国民料理」の形成』（ドメス出版、2019 年）、井坂理穂・山根聡（編）『食から描くインド――近現代の社会変容とアイデンティティ』（春風社、2019 年）、岩間一弘（編著）『中国料理と近現代日本――食と嗜好の文化交流史』（慶應義塾大学出版会、2019 年）などの最近の研究が多くの興味深い事例や視点を提供しています。

「イタリア料理」の創出

ここでは「イタリア料理」の形成の事例を考えてみます。第 8 章でも指摘したように、もともとイタリアは都市国家や地域の集合体であり、イタリアという国家もイタリア料理という概念も 19 世紀まで存在していませんでした。1861 年のイタリア王国成立によって国民国家が形成されましたが、地域間の隔たりが大きく国民統合は困難でした。そうしたなかで、実業家兼文筆家のペッレグリーノ・アルトゥージ（1821-1911）が 1891 年に出版した料理書を軸として、国民的料理としてのイタリア料理の原型が形成されたのです。

『料理の科学とおいしく食べる技法』というタイトルで刊行されたアルトゥージの料理書は、トスカーナ地方とロマーニャ地方を中心とし、さまざまな地方

図4　アルトゥージに扮した人物と筆者
出所：2015年のミラノ万博での写真

料理を集めて総合的なイタリア料理のモデルを提示しました。基本は中産市民層向けのレシピが中心で、トマトソースとパスタの結合やジャガイモから作るニョッキの受容など、新しいイタリア料理の規範を作りだしました。同時に、アルトゥージはこの料理本において、各地方の方言で書かれたレシピを統一したイタリア語で表記することで、「料理にお

ける言語の合理化、平準化、統一化」をはかりました。こうしてアルトゥージの料理書は、イタリア各地の料理をまとめ上げて、「イタリア料理」という一つのナショナルなレベルの料理文化を作り上げ、さらにそのことによって、人工的に作り上げられたイタリアという国民国家のアイデンティティ形成にも大いに貢献することになったわけです（池上俊一『世界の食文化⑮イタリア』農文協、2003年、p.189-99）。「イタリア料理」の生みの親ともいえるアルトゥージの功績は、2015年にミラノで開催された食をテーマとする万国博覧会でも示されました（図4）。

　ところで、同じような国民的といえるような料理書はヨーロッパ各国に存在します。ドイツの場合はヘンリエッテ・ダヴィディスの料理書（『日常の料理および洗練された料理のための実用的料理書』）がそれにあたります。1845年に初版が刊行されたこの料理書は、市民層向けのドイツ料理のモデルを提供し、著者の死後も20世紀にかけて数十版を重ねて、ドイツ料理のバイブルのような存在となりました。イギリスではイザベラ・ビートンが著した『ミセス・ビートンの家政書』（1891〜）がやはり中産市民層向けの料理書として広範に普及しています〔同書に関する実証的で詳細な研究として、妹島治彦『『ビートン社の家政書』とその時代』（京都大学学術出版会、2018年）もぜひ参照してください〕。

　さらにスロヴェニアでは、1912年にフェリシタ・カリンシェクという料理学校教師が著した『スロヴェニアの料理書』がスロヴェニア料理のスタンダードとなりました。ノルウェーでは1917年創立の「ノルウェー農村婦人協会」が

1965年に編集した『ノルウェーの食物』という書物が同じ役割を果たしています。

20世紀の食と戦争

　以上検討してきたように、食が近代国民国家のアイデンティティの形成に寄与したことは、ヨーロッパ諸国の種々の事例から明らかとなります。その意味で、食べるということは日常的で身近な行為であると同時に、もっと高次の政治的レベルの問題でもあるわけです。20世紀に入るとヨーロッパ諸国は、第一次世界大戦、ファシズムの台頭、第二次世界大戦というように政治的激動に見舞われます。そうした政治的激動もまた食と密接に絡んでいます。

　想定外の長期戦となった第一次世界大戦では、連合国側・同盟国側どちらも武器や食料の調達に苦しみましたが、とくにイギリス海軍による海上封鎖によってドイツは食料不足が深刻化して兵士や国民の不満が高まり、結局それが敗戦につながります（藤原辰史『カブラの冬――第一次世界大戦期ドイツの飢饉と民衆』人文書院、2011年、および鯖田豊之『肉食文化と米食文化――過剰栄養の時代』中公文庫、1988年、pp. 124-38、参照）。食が戦争の帰趨を左右したとさえいえるわけです。敗戦後のドイツは政治や経済が不安定で、結局ヒトラーを指導者とする極右のナチスが権力を握り、全体主義的な政治体制を構築しました。彼らの究極の目標は、一つは徹底した人種差別主義に基づくユダヤ人の排除であり、もう一つはロシアなどの東方地域にドイツ人の「生存圏」を創出することでした。もちろんそのためには、戦争によってそこに暮らすスラヴ系の住民を追い出すことが不可欠ですから、ナチスは政権を掌握すると戦争準備を着々と進めていくことになります。この「生存圏」という発想は、第一次世界大戦時の食料不足と飢餓を経験したことと深く結びついていました。

　結局こうしたナチスの野望によって始まった第二次世界大戦では、ナチスは食を最大限に利用しました。第一次世界大戦の経験からナチスは国内の食料の安定供給を重視し、占領した国々から食料を徴発して、それをドイツ国民に配分するという政策を徹底しました。したがって、ドイツ国内における栄養状態は戦時中でも良好であり、敗戦の直前までドイツ国民への食料配給システムは

223

崩壊しませんでした（鯖田、前掲書、pp. 138-43）。その代わり占領された国々は食料が不足し、飢餓状態に陥るところもありました。そして独ソ戦が始まり、ドイツ軍の東方侵略が本格化すると、「劣等民族」とされた東方のスラヴ系住民は食料を徹底的に収奪されることとなりました。

　とりわけ「生きるに値しない」とされたユダヤ人は、食料の点でも過酷な扱いを受けることとなります。1941 年にナチスが「ユダヤ人問題の最終解決（＝大量虐殺）」を決定し、東方の占領地にアウシュヴィッツなどの「絶滅収容所」を建設し始めたことはよく知られています。これは一般の強制収容所とは異なり、ユダヤ人等の殺害を主目的とした大規模施設ですが、収容所内のユダヤ人は、労働可能な者は乏しい食料の下で過酷な労働を強いられ、働けない者はガス室で大量殺害されました。その他の一般の強制収容所でも、ユダヤ人は過酷な労働を課せられ、虐殺されたり満足な食事を与えられず餓死させられています。こうしたユダヤ人への餓死政策はまさに「食のホロコースト」であり、ナチスによる食の「悪用」の最も極端な事例といえるものです。

　ナチスの民族排外主義的な政治と食とのかかわりは、この他にも多くの事例を挙げることができます。詳しくは、藤原辰史『ナチスのキッチン──「食べること」の環境史』（水声社、2012 年）をぜひ参照してください。

　食の歴史を研究すると、たしかに楽しい話題も数多くあります。しかしこうしたナチスによる食の「悪用」の事例は、食の歴史を語る際には絶対に避けて通ることができません。食の歴史が決して明るいものだけではないということを肝に銘じておきたいと思います。

　ここまでヨーロッパを舞台に近代社会における食の変容を考察してきました。21 世紀を迎えた今、食の世界はさらなる変化に直面しています。「終章」で少し未来の食についても考えてみたいと思います。

終　章

食の未来

この章で学ぶこと

　筆者の専門分野は歴史学（西洋史学）です。素直に考えると、歴史学は過去の出来事を研究する学問であり、未来予測は歴史学の範囲外であるといえるかもしれません。しかし陳腐な表現ですが温故知新という言葉があります。未来のことを知りたければ過去を知らねばならないということです。未来予測の根拠となる要素はしばしば過去の出来事のなかにあるからです。

　もちろん歴史学が必ず未来を正しく予測できるわけではありませんが、本書において未来の人類の食がどのような展開を遂げる可能性があるのかについて、少々考えてみたいと思います。

食の未来についてはさまざまな考え方があります。最もよく聞かれるのは、このままの勢いで地球人口が増えていったら将来食料が不足してしまうという悲観的な未来予測です。第5章で触れた18世紀イギリスの経済学者マルサスの主張の延長線上にあるような議論ですが、現在ではそのような人口と食料生産だけに限定したような単純な問題ではなくなっています。地球温暖化による食料生産への打撃や、先進国とそれ以外の多数の国々との巨大な格差の問題、日本などにみられるような人口減少と少子高齢化の問題、大量の肉を安価に生産することの孕む重大な弊害など、食にかかわる未来予測にはもっと複雑な要因が絡んでいます。

　じっさい今から約30年後の2050年時点での地球上の食の状況がどうなっているのかという議論（「2050年の食」問題）は、近年ようやく広く注目されるようになってきた「持続可能な開発目標（SDGs）」とも絡んで、食の未来を考えるにあたっての中心的なテーマの一つといえるでしょう。

　ところで、未来予測は一般的に悲観論と楽観論に大きく分けることができます。ここではこの「2050年の食」について詳細に論じるような余裕はありませんので、議論を整理するためにこの二つの立場の意見の代表的なものを紹介していきたいと思います。

　（以下の叙述は、南直人「食の未来——歴史学からの一考察」、田中浩子編著『食生活のソーシャルイノベーション——2050年の食をめぐる暮らし・地域・社会』晃洋書房、2020年、pp.147-159、の内容を圧縮・改変したものです。関心のある方はそちらも参照ください）

悲観論の例——ポール・ロバーツ『食の終焉』

　食にかかわる未来予測の試みはグローバルな視点が必要なため、海外で刊行された著作が主となります。現代の食のかかえるさまざまな問題を告発する文献を挙げると、エリック・シュロッサーの『ファストフードが世界を食い尽くす』（草思社、2001年）やマイケル・ポーランの『雑食動物のジレンマ』（東洋経済新報社、2009年）、マリオン・ネスル『フード・ポリティクス——肥満社会と食品

産業』（新曜社、2005 年）などがあります。

　これらはいずれも、巨大な食品企業や工業化された農業が環境破壊や歪んだ食生活をもたらしているという今日の食をめぐる暗黒面をえぐり出し、このままでは危機的な事態が訪れるかもしれないという警告を発しており、その意味で悲観論的な未来予測を行っているといえます。そうした文献の一つで、より広い視野から未来への展望を提示しているのが、ポール・ロバーツの『食の終焉──グローバル経済がもたらしたもうひとつの危機』（ダイヤモンド社、2012 年）です。著者は、経済や環境問題など幅広い分野の問題を扱うアメリカ人ジャーナリストで、副題が示すように経済のグローバル化が食の領域にさまざまな危機的状況をもたらしていることを指摘しています。その内容を簡単に紹介してみましょう。

　著者は、技術革新による大量生産や効率性を追求するという経済モデルが、現在の食システムに深刻な弊害（先進国の過剰栄養と貧困国の飢餓、食の安全性の低下や栄養に起因する病気の拡大、食料生産の拡大に起因する地球環境の破壊、など）をもたらす根本的な原因であるとします。本書の内容は、おおまかに次の 3 点に整理されます。

①こうした現在の食システムが生み出されてきた経緯とその実情
②グローバルな食料流通がもたらしたさまざまな弊害の実態の告発
③こうした食システムの変革の試み（遺伝子組み換え技術と有機農業）＆未来の見通し

　このように現在の食をめぐる深刻な状況が地球的視野で観察されていますが、これに対して「エピローグ」では、「希望の持てるシナリオとあまり希望の持てないシナリオ」として二つの未来への展望が語られます。ただし、実際には圧倒的に悲観的な論調となっています。「私たちが目にするものは、来る日も来る日も、より新鮮でより多種多様な商品を、市場の要求に応えて少しでも安く供給するために限界まで働き続ける巨大なシステムの姿」だが、「このような極限状態に置かれた食経済が、もしも許容限度を超える "万が一の事態" に

遭遇したとき、瞬時にこのシステムは機能不全に陥り、棚やショーケースはあっという間に空になってしまうだろう」とされます（p. 490)。「万一の事態」の例として、アジアで起こる可能性が高い鳥インフルエンザが取り上げられます。まさに病名は違いますが新型コロナウイルスの出現が予言されているのです。

　これに対して、「希望の持てるシナリオ」として説明されているのは、ソ連崩壊とアメリカの制裁により自給的な食経済を形づくることを強制されたキューバの例ですが、これはかなり特殊な事例で未来の食モデルにはなりにくく、また地域に密着した食経済（「地産地消」）を構築しようとする先進国における努力も、一般消費者に受け入れられるところまではいっていないとされます。もう一つの楽観的見通しとされる「青の革命」、すなわち海洋資源の開発については、たしかに水産養殖業の発展によってタンパク源の供給が拡大し、地球環境の破壊につながりやすい食肉生産の代替手段となりうるわけですが、養殖のための飼料の問題や病気防止のための薬物の投与、海洋汚染の原因になる可能性などといった問題がまだ十分に解決できておらず、水産養殖業の発展は必ずしも万能薬ではありません。

　いずれにせよ、本書によれば「希望の持てるシナリオ」はかなり限定的であり、近い将来に現行の食システムが崩壊の危機に瀕し、その時点で何らかの対策を施してももはや手遅れになる可能性が高いとされます。ただ本書では最後に、「私たちにはかつてないほどその危機（文明社会の崩壊）が迫っているが、最後には回避できる強い力も、おそらく私たちは持ち合わせているはずだ」として、「究極的には、自分自身の食管理を、自分自身の手に取り戻すこと」を呼びかけています（pp. 522, 524)。悲観的な未来予想の中に一条の光を見出そうとする著者のメッセージが込められているといえるでしょう。

楽観論の例——ルース・ドフリース『食糧と人類』

　楽観論を代表して紹介したいのは、アメリカのコロンビア大学教授で環境地理学者のルース・ドフリースが著した『食糧と人類——飢餓を克服した大増産の文明史』（日本経済新聞出版社、2016 年）です。ただし同書は、決して科学技

術の発展によって食をめぐる危機が解決できるはずというような能天気な楽観論を主張しているわけではありません。冒頭で、ブラジルの熱帯雨林の大規模な破壊が行われていることへの告発から始まり、そうした自然破壊が実は人類史を通じて何度も繰り返されてきたこと、そしてなぜ、どのようにして人類が現在のように「確実に地球の姿を変えている」までに至ったのかを説明します。

　その際著者は、そうした人類の現在に対する対照的な評価、単純な楽観論と単純な悲観論を紹介します。前者は、「問題が起きたとしても、かならず技術で解決できる」、「未来は安泰である」などという主張であり、後者は、「ヒトがわがもの顔でのさばり続ければ、いずれ大惨事、飢餓、破綻を招く」、「人類の未来は危うい」という主張です（pp. 7-13）。著者はどちらにも与せず、「特定の時期や場所など、範囲を限定すればどちら側にも説得力が」あり、「範囲を広げて長期的に見るとどうだろう」と提案します（p. 14）。

　ドフリースは、人類が食料を獲得する方法をより進化させていくプロセスを振り返り、食にかかわる危機が何度も襲来してきたにもかかわらず、そのたびに人類はそれを新たな方法でなんとか乗り越えてきたことを指摘します。具体的には、狩猟・採集に基づく食料経済から農耕・牧畜への転換、次に定住生活による食料不足に対する古代文明の対処、さらに近代の人口急増に対する農業上の技術革新、最近の「緑の革命」などによる食料増産などが紹介されます。

　もちろん著者は、農薬や化石燃料に頼る農業のあり方などに対して批判的なスタンスで語っており、幼稚で単純な科学技術礼讃とは全く異なったスタンスで叙述をすすめています。歴史を振り返ると崩壊した文明の例も数多くあることを指摘しつつ、しかし長期的にみると、「人間は旺盛な想像力を絶えず発揮して問題を解決しては、新たな問題を生み出してきた」として、「問題はかならず解決できるという楽観論とも、危機を警告する悲観論とも違うものが見えてくる」と主張します（p. 30）。

　今後の展望について著者はこう語ります。「人類史上、これほどまでの飽食の時代を迎えたことは一度もなければ、これほどの人口拡大に成功した時代もない。そのいっぽうで、貧富の格差は広がりつづけ、自然界に手を加える規模はますます大がかりになり、糖分と脂肪分の多い食生活で不健康になっている。

歴史をふり返れば、たしかに人類は行きすぎの危機から何度となく脱して復活を遂げている。はたして、この先もそうなるだろうか」(p. 29) と疑問を呈します。しかし、最終的には著者は、「どんな結果が待っているかは、だれにもわからない。これからも破綻の危機と方向転換はきっと起きるだろう。そのたびに人間は独創的な方法で地球のめぐみをうまく活用するに違いない。これまで積み重ねてきた創意工夫の成果とともに、生きる方法を学びつづけるだろう」と述べます (p. 266)。すなわち、最終的に著者は楽観論の方に傾いているようにみえるのです。

　以上、食の未来についての悲観論と楽観論を紹介してきました。2021 年現在、これらの著作で想定された文明崩壊の危機とは異なった種類の危機的状況に、われわれは直面しています。世界的な感染症の拡大を受けて、グローバルな人とモノの行き来が途絶え、国内でも感染防止のために経済活動が大幅に制限され、さらには、序章で指摘したように人類進化のカギとなった「食を通じたコミュニケーション」そのものも制約を受ける（それが「新しい生活様式」なるものの端的な表現です）といった種類の危機です。
　この危機が食の未来にどのように作用するのか、今のところ見通すことは困難です。しかし、現在の新型コロナウイルスによる危機がワクチン接種等によってたとえ数年間で克服できたとしても、食をめぐる新たな危機が再び形を変えて襲ってくる可能性は十分想定できます。そして、本章冒頭で述べた地球環境問題、格差の拡大、食料不足、飢餓問題などはいまだ解決の見込みは立っていません。「食の未来」がどうなるのか、今のところまだ未確定です。本書の読者である皆さんのような若い方々の力に人類の未来はかかっています。

あとがき

・・・・・・・・・・・・・・・・・・・・・・・・・・・・・・・・・・・・・

　2020年、世界は新型コロナウイルス（COVID-19）によるパンデミックという未曽有の事態に見舞われ、日本列島でも4月からの緊急事態宣言、さらに第2波、第3波の感染拡大といった出来事が生じました。社会全体が大きな変化をこうむったわけですが、大学でも学生の登学が全面的ないし部分的に禁止され、授業も対面授業ではなく、WEBを用いたオンラインの授業に全面的に切り替わりました。教室で学生相手に講義をするという従来のスタイルではなく、学内のWEBでの授業支援システムに教材をアップしたり、Zoom などのオンラインシステムを利用したライブ授業といった、今まで経験したことのないような授業形態が全国いたるところの大学で導入されました。

　本書は、そうした中で、大学での食の歴史や食文化の授業のためのテキストとして執筆したものです。人とモノの行き来が制限され、感染防止のために外食が縮小し、さらに食事のさいに会話しないことが求められるなど、この1年間に食をめぐる環境が激変しました。しかし、こうした時であるからこそ、食をめぐる諸問題について根源まで遡って考え、食文化や食の歴史についての知識、教養を身につけることが求められていると思います。

　大学生を中心としてこの本の読者の皆さんも、人類にとっての食の深い意味を考えつつ、食に関する学習を深めていただければ、筆者としての大いなる喜びとなります。

　本書の執筆にあたっては、昭和堂の編集担当である越道京子さんに、章構成から文章表現、図版の選定など多岐にわたりたいへんお世話になりました。この場をお借りして深く感謝申し上げたいと思います。

2021年2月

南　直人

231

● ●

◆ 著者紹介

南　直人（Minami, Naoto）

立命館大学食マネジメント学部教授。
1957 年生まれ。専門は西洋史学、食文化研究。博士（文学）。京都橘大学
文学部教授を経て、2018 年 4 月より現職。
おもな著書に『〈食〉から読み解くドイツ近代史』（ミネルヴァ書房、2015 年）、
『世界の食文化⑱ドイツ』（農文協、2003 年）、『はじめて学ぶドイツの歴史
と文化』（共編著、ミネルヴァ書房、2020 年）、P・フリードマン編『世界
食事の歴史——先史から現代まで』（共監訳、東洋書林、2009 年）、『食の
展望——持続可能な食をめざして』（編著、農文協、2023 年）ほか。

シリーズ食を学ぶ
食の世界史
——ヨーロッパとアジアの視点から

2021 年 4 月 20 日　初版第 1 刷発行
2024 年 9 月 30 日　初版第 3 刷発行

著　者　南　直人
発行者　杉田啓三

〒 607-8494　京都市山科区日ノ岡堤谷町 3-1
発行所　株式会社　昭和堂
振替口座　01060-5-9347
TEL（075）502-7500／FAX（075）502-7501

印刷　モリモト印刷

ISBN 978-4-8122-2023-8

Printed in Japan

シリーズ 食を学ぶ
食の商品開発
—— 開発プロセスのA to Z

本書の特徴

◎食品の商品開発を成功させるために、必要なプロセスとは?

◎ロングセラー商品の企画に必要な考え方とは?

◎「開発ノート」では、ヒット商品開発の背景に迫ります!

もくじ

シリーズ 食を学ぶ　開発プロセスの A to Z

食の商品開発

内田雅昭 編

ロングセラー食品開発の秘訣

サントリー「金麦」「オールフリー」開発担当者による指南書　昭和堂

内田雅昭 著

A5判・224頁

定価（本体 2,300 円+税）

ISBN 978-4-8122-2011-5

「シリーズ食を学ぶ」の刊行計画は
昭和堂のウェブサイトをご覧ください。
http://www.showado-kyoto.jp/news/n37959.html

図書出版 昭和堂